Mensah Wekenon Tokponto

Der Regenwurm und sein Onkel

NARRATING (HI)STORIES

Kultur und Geschichte in Afrika
Culture and History in Africa

edited by

Prof. Dr. Bea Lundt
(Flensburg, Berlin)

und / and

Prof. Dr. Yaw Ofosu-Kusi
(Winneba / Ghana)

Band / Volume 1

LIT

Mensah Wekenon Tokponto

Der Regenwurm und sein Onkel

Märchen aus Benin

Quellen und Kommentare

LIT

Umschlagbild: Illustration von Matthias Schellenberger
(www.raumbilder.com)

∞

Gedruckt auf alterungsbeständigem Werkdruckpapier entsprechend
ANSI Z3948 DIN ISO 9706

Bibliografische Information der Deutschen Nationalbibliothek
Die Deutsche Nationalbibliothek verzeichnet diese Publikation in der Deutschen Nationalbibliografie; detaillierte bibliografische Daten sind im Internet über http://dnb.d-nb.de abrufbar.

ISBN 978-3-643-12893-5

Verlagskontakt:
Fresnostr. 2 D-48159 Münster
Tel. +49 (0) 2 51-62 03 20 Fax +49 (0) 2 51-23 19 72
E-Mail: lit@lit-verlag.de http://www.lit-verlag.de

Auslieferung:
Deutschland: LIT Verlag Fresnostr. 2, D-48159 Münster
Tel. +49 (0) 2 51-620 32 22, Fax +49 (0) 2 51-922 60 99, E-Mail: vertrieb@lit-verlag.de
Österreich: Medienlogistik Pichler-ÖBZ, E-Mail: mlo@medien-logistik.at
E-Books sind erhältlich unter www.litwebshop.de

Inhalt

Bea Lundt

Narrating (Hi)stories. Märchen in Afrika als Zeugnisse der Erinnerungskultur im transkulturellen Diskurs (zur Einführung)

Über dieses Buch

Der Germanist Mensah Wekenon Tokponto, der als Professor an der Universität Abomey-Calavi in dem westafrikanischen Land Benin lehrt, hat eine Sammlung von Märchen zusammengestellt, die aus allen Teilen seines Heimatlandes Benin zusammengetragen wurden. Auf seine Anregung hin und unter seiner Leitung haben Studierende aus seinen Lehrveranstaltungen Menschen aus verschiedenen Ethnien befragt; sie haben die von diesen erinnerten mündlich tradierten Erzählungen in den Landessprachen auf Tonband aufgenommen, transkribiert und in das Deutsche übersetzt. Der vorliegende Band enthält diese 53 Geschichten, die aus elf verschiedenen Abstammungsgruppen stammen. Er präsentiert damit eine Quellensammlung, die Einblicke in die bisher nicht verschriftlichte westafrikanische Erinnerungskultur vermittelt.

„Mein Märchen springt hin und her", so lautet die klassische Einleitungsformel für diese Texte. Sie weist auf die Eigensinnigkeit des Märchens, das langsam im Kopf des Erzählenden reift und zunächst nicht entscheiden kann, auf welche von vielen möglichen Gestalten es sich, wie es dann weiter heißt, „schließlich setzt", um dann im Folgenden von ihrem Schicksal zu berichten. Aussehen, Kleidung, Sprache, Gesang, Mimik, Gestik, Bewegung, Musik, Tanz des Erzählenden, Ort und Zeitpunkt der Vermittlung, das Publikum und seine Reaktionen - alle diese Faktoren sind ein Bestandteil des Aktes der Entfaltung der Märchen in einer konkreten Situation. Diese lebendige Performanz kann das schriftlich fixierte Wort in diesem Buch nur sehr unvollständig wiedergeben. Zum Verständnis der Sammlung ist es daher wichtig, zunächst auch den Sammler vorzustellen:

Der Sammler

Mensah Wekenon Tokponto beschäftigt sich seit Jahren mit den Märchen seines Heimatlandes und setzt sich dafür ein, dass sie in deutscher Sprache verbreitet werden. Es sind frühe Kindheitserfahrungen, die ihn dazu antreiben. Über seine Intention berichtet er in seinen biographischen Anmerkungen, die sich im Anschluss an die Quellentexte der Märchen in diesem Band befindet.[1] Als exzellenter Wissenschaftler und Spezialist für das Thema „Märchen" hat er bereits andere Beispiele für die oral tradierte literarische Kreativität Benins wie auch eigene Studien und Reflexionen über narrative Genre publiziert.[2] Auch dieser Sammlung fügt er einen erläuternden Essay bei, der sowohl die kommunikative Situation des Märchenerzählens beschreibt als auch den Stand der Forschung erläutert.[3]

Eigentlich erst während des Prozesses seiner Arbeit mit den Märchen sei ihm klar geworden, so schreibt Tokponto am Beispiel der Märchen seiner eigenen Ethnie, der Fon, „wie sich die Lebensweisen der Fon-Menschen, ihre Denkweise, ihre Religion, ihre Lebens- und Weltanschauung, ihre alltäglichen Probleme und Zukunftsperspektiven, das soziale Milieu und die gesellschaftlichen Verhältnisse in ihren Märchen widerspiegeln."[4]

Den Texten komme daher, darauf beharrt er, nicht nur eine ästhetisch-literarische Bedeutung zu. Vielmehr sind sie auch Zeug-

---

[1] Vgl. Mensah Wekenon Tokponto: Biographische Anmerkungen. In diesem Band, S. 182-184.
[2] Vgl. Mensah Wekenon Tokponto: Veröffentlichungen. In diesem Band, S. 185-188.
[3] Vgl. Mensah Wekenon Tokponto: Die Bedeutsamkeit der Oralkultur in Benin– zwischen Tradition und "Moderne" . In diesem Band, S. 21-34.
[4] Mensah Wekenon Tokponto: Die Bedeutsamkeit der Oralkultur in Benin– zwischen Tradition und "Moderne". In diesem Band, S. 21-34, hier S. 24.

nisse von Gesellschaft und Geschichte der Menschen, die sie erzählen, ja ihrer „Psychologie“.[5] Das Wissen über das Leben der Ahnen, das in ihnen enthalten ist, hilft bei der Orientierung in der Dimension „Zeit“. Es verbindet die Vergangenheit mit der Gegenwart, denn der Zuhörende vergleicht die in der Erzählung vorgestellte Situation mit seiner eigenen oder anderen ihm vertrauten Lebensweisen. Kann ich mich in die Helden, egal ob Mensch, Tier oder Fabelwesen, hineinversetzen? Würde ich es genauso machen? Was kann ich aus ihrem Handeln lernen? Die Moral aus der Erzählung wird, so erläutert Tokponto, kollektiv diskutiert. Sie ist nicht von vorne herein eindeutig. Durch das narrative Angebot wird also immer wieder aufs Neue eine Identitätsbildung der Gruppe sowie eine (Selbst)-Verortung der Individuen in ihr ermöglicht. Ein solcher Prozess der bewusstseinsmäßigen Arbeit an der Märchen-Performanz dient der Orientierung der Gemeinschaft und des Einzelnen in ihr, ihren Traditionen und Werten. Das Wissen um Vergangenheit und Gegenwart stellt zugleich auch die Voraussetzung für Zukunftsplanungen dar. Tokponto beschreibt vor allem die Bedeutung dieser Erzählungen für die Kommunikation zwischen den Generationen. Zunächst einmal sind es die Kinder, die den Märchenabend mit einem eigenen Ritual eröffnen und gestalten, bis der Märchenerzähler dazukommt.

Die hier abgedruckten Texte stellen damit nur einen Teil eines höchst vitalen Gesamtphänomenes „Narrativität“ dar, das auf vielfache Weise in der Kultur verankert ist. Jenseits des politischen Systems, das durch den Kolonialismus geschaffen wurde, zeigt es einen anderen sozialen Zusammenhalt der Menschen auf. Dieser besteht nicht primär innerhalb einer simplen nationalen Einheit innerhalb der politischen Landesgrenzen und der Schlagbäume zu den Nachbarstaaten innerhalb von Westafrika. Die Texte künden vielmehr von einer älteren kulturellen Verbindung im Rahmen der Vielfalt der Ethnien, die in dem Land Benin zusammenleben, von ihren Gemeinsamkeiten und Unterschieden, von der Bedeutung von

---

[5] Ebd.

Nachbarschaft im Raum und von Migration über die Grenzen des Staates hinaus.

Tokponto repräsentiert dieses Gesamtkonzept auch selber als Person in überzeugender Weise: Denn er ist auch ein begnadeter Erzähler, der bei seinen Aufenthalten im deutschen Sprachraum vielfältige Proben seiner Erzählkunst gegeben hat. Darüberhinaus setzt er sich in Hilfsprojekten für Schulen und Bildung in Benin ein. Er wirkt auf diese Weise als ein Anwalt der Vermittlung zwischen den Kulturen.

Ambivalenzen und nötige Entmythifizierung für Grimmsche Märchen

Um die inhaltlichen Botschaften der Märchentexte aus Benin entschlüsseln und richtig einordnen zu helfen, hat Tokponto immer wieder Vergleiche der afrikanischen Märchen mit den Grimmschen Märchen vorgenommen. Ein solches Vorgehen liegt nahe in dem Ursprungsland der meist kurz als „Grimmsche Märchen" bezeichneten Sammlung aus der Romantik, die ein einzigartiger Welterfolg wurde, vergleichbar nur mit der Bibel und den Dramen Shakespeares sowie den Erzählungen aus 1001 Nacht. [6] Trotzdem oder gerade deshalb gibt es im deutschen Sprachraum Probleme und Irritationen angesichts dieser Textsammlung der Grimmschen Märchen, die eine unbefangene Beschäftigung mit ihr erschweren. Da die assoziativ mit dem Namen „Grimmsche Märchen" geweckten Vorstellungen auch die Rezeption der Märchen aus Benin betreffen, soll hier von ihnen die Rede sein: Ein Artikel über „Grimms Märchen" wurde 2001 in die drei Bände aufgenommen, die „Deutsche Erinnerungsorte" dokumentieren.[7] Damit wird diese Sammlung aus dem

---

[6] Jacob und Wilhelm Grimm: Kinder- und Hausmärchen (KHM). Gesammelt seit 1806, erschienen sie 1812-1858 in verschiedenen Bearbeitungen. Eine vollständige Ausgabe erschien 2014 als e-book (Kindle-Edition).

[7] Maria Tatar: Grimms Märchen. In: Deutsche Erinnerungsorte hg. von Etienne Francois und Hagen Schulze, München 2001, 3 Bände, Bd. 1, S. 275-289.

19. Jahrhundert als fester Bestandteil des kollektiven Wissens und Bewusstseins, eben als ein symbolischer „Ort", den viele Menschen kennen, der Gedächtniskultur des deutschen Sprachraumes zugerechnet. Die Herausgeber ordnen den Aufsatz als ersten in das Kapitel „Volk" ein, obwohl doch die beiden Autoren der Elite der Intellektuellen der Epoche der Romantik angehörten. Diese zunächst unerwartete Gliederung lässt die Lesenden aufhorchen; bemerkenswert auch die Autorin, denn der Artikel wurde von der in Harvard lehrenden Germanistin Maria Tatar verfasst und aus dem Englischen übersetzt. Bedurfte es des Blickes „von außen" auf das Phänomen der deutschen Märchen? Tatar markiert den symbolischen „Ort" der Grimmschen Märchen, wobei sie auf deren Einbindung in einen semantisch widersprüchlichen Dualismus von „Mythos und Kulturgeschichte" hinweist.[8] Um diesen für die Rezeption der Grimmschen Märchen verwirrenden Komplex zu entzerren, gab es, so berichtet sie, vielfache Angebote der Entmythifizierung der Sammlung. Dabei wird die im 19. Jahrhundert festgeschriebene starre Form immer wieder aufgelöst: die Texte werden neu geschrieben, in andere mediale Formen und Genres gegossen. Auch mit dem Inhalt wird experimentiert: zentrale Aussagen werden neu verhandelt, die Geschlechterrollen verkehrt, die Hierarchie der bürgerlichen Werte umgestülpt; ein offen antisemitisches Märchen wurde aus der Auswahl getilgt. Ambivalent, so schließt Tatar, werde bis heute die Frage beantwortet, ob diese Märchen Zeugnisse von interkulturellen Gemeinsamkeiten einer allgemeinmenschlichen „kollektiven Vorstellungswelt" seien, oder ob deren „lokale Ausprägung" überwiege.[9]

In der Tat ist vieles an dem verbreiteten Verständnis der Grimmschen Märchen nicht zutreffend oder problematisch, das hat die Forschung erwiesen: So sind die oft als „Deutsche Volksmärchen der Brüder Grimm" bezeichneten Texte ihrer Herkunft nach

---

[8] Tatar, S. 289.

[9] Ebd. An ein „kollektives Unbewusstes", das sich in Märchen spiegele, glaubte etwa der Psychoanalytiker Carl Gustav Jung.

nicht alle „deutsch". Sie stammen vielmehr aus verschiedenen europäischen Ländern, viele kommen aus Italien und Frankreich; sehr einflussreich waren auch narrative Traditionen aus dem Orient. Über die Jahrhunderte der Überlieferung haben sich alle traditionellen Erzählungen als sehr hybride Mischungen entwickelt. Vom Klischee ihres „deutsch-nationalen" Images befreit, taucht ein neues Problem auf: denn sie gelten als zutiefst der „abendländischen" Kultur verwurzelt.[10] Der überwältigende Erfolg der weltweiten Verbreitung befördert damit eine eurozentristische Selbstdarstellung, jene Fixierung von Europäern auf die Vorstellung, alle wichtigen Werke seien schon immer auf diesem Kontinent entstanden und hätten von dort ausstrahlend den Rest der Welt beeinflusst. Dabei ergab eine Untersuchung der Verbindung von zehn Grimmschen Märchen mit „außereuropäischen Verwandten"[11] 1996 zwar vor allem Zusammenhänge im indoeuropäischen Sprachraum, nennt aber auch zwei Beispiele für afrikanische Märchen.[12] Der Nachweis weiterer Verbindungen mit afrikanischen Märchen ist zu erwarten.

Es zeigt sich also: Es gibt in der Überlieferungsgeschichte märchenhafter Texte auch ganz andere Traditionen als die von den Grimms definierten. Das gilt sowohl geographisch als auch in der Zeitdimension. Denn einzelne Motive, die später in die Grimmschen Märchen einflossen, sind viel älter und aus vielfältigen Genres und Mischformen überliefert. Die für die Gattung „Märchen" typischen Kennzeichen wie die Anfangs- und Schlussformel sind ein Kunstprodukt der Grimms. Man kann also nur begrenzt von einer einheitlichen Gattung sprechen. Die Texte sind auch nicht alle

---

[10] Darauf verweist auch Tatar, S. 275.

[11] Vgl. dazu: Grimms Märchen International. Zehn der bekanntesten Grimmschen Märchen und ihre europäischen und außereuropäischen Verwandten hg. von Ingrid Tomkowiak/Ulrich Marzolph, 2 Bände, Paderborn u.a. 1996.

[12] Die bei den Grimms überlieferte Geschichte „Die vier kunstreichen Brüder" ist, so das Ergebnis der Untersuchung, „in ganz Afrika- außer dem Südzipfel- verbreitet" (Bd. 2, S. 58). Des Weiteren wird als ein Textbeispiel genannt „Hänsel und Gretel", belegt aus Ostafrika.

oral aus dem „Volk“ überliefert. Viele wurden vielmehr seit dem 12. Jahrhundert von Gelehrten für sog. „Exempel-sammlungen“ aufgeschrieben. Der Begriff „Volk“ ist in der deutschen Tradition ohnehin uneindeutig, ideologieanfällig und changiert zwischen extremen Polen: einer propagandistischen Vereinnahmung der „Volksgemeinschaft“ durch die Nationalsozialisten, einem Gartenzwerg-Kitsch sowie der Neuaneignung der demokratisch-revolutionären Tradition des Begriffes als der „eigentlichen“ Nation, wie es in der Formel „Wir sind das Volk“ zum Ausdruck kommt. Die Herausgeber der „Deutschen Erinnerungsorte“, beide Historiker, wollen mit der Zuordnung der Grimmschen Märchen zum „Volks“-Kapitel also nicht eine Realität der Herkunft der Texte behaupten, sondern im Sinne des Konzeptes „Erinnerungsort“ eine populär verbreitete assoziative Gedankenkette nachvollziehen, durch die erst die Zuordnung der Grimmschen Märchen zum „Volk“ konstruiert wird.

Und schließlich der Faktor „Kinder- und Hausmärchen“: um sie für das Kinderzimmer zugänglich zu machen, haben die Grimms erst in einer zweiten Bearbeitungsstufe die vielen erotischen Teile dieser Überlieferungen getilgt. Die zentrale Rolle von Gewalt freilich blieb erhalten. Auch daran wird eine häufig geäußerte Kritik festgemacht, die angesichts der brutalen Szenen in vielen der Texte die pädagogische Werthaftigkeit und normative Bedeutung der Grimmschen Märchen in Frage stellt.

Transkulturelle Orientierung als Chance für ein neues Verständnis des Genres „Märchen“

Doch gerade diese vielfach schillernden Elemente, die mit dem Genre „Märchen“ aufgrund der völlig dominanten Grimmschen Tradition verbunden werden, macht die Beschäftigung mit diesen Texten spannend und lohnend für eine Neueinordnung der Erkenntnismöglichkeiten, die ihnen innewohnen. Dazu verhilft insbesondere die Beschäftigung mit Märchentexten aus anderen Kontinenten als Europa.

In der Ethnologie kommt der Arbeit am Märchen eine Schlüsselrolle zu und in den großen Werken der Erzählforschung wie der „Enzyklopädie des Märchens“ befinden sich Artikel über außereuropäische Erzähltraditionen.[13] Märchen sind geradezu das Signum einer allgegenwärtigen Verbindung von Kulturen jenseits der Elitenkultur. Dennoch hat auch die Ethnologie mit ihrer kolonialen Vergangenheit zu kämpfen. Seit Leo Frobenius (1873-1938) sind es oft Europäer, die afrikanische Märchen sammeln und zu deuten suchen, oft ohne sich der Verfälschungen bewusst zu sein, die durch ihre Person in einer Umgebung ausgelöst werden, die auf verschiedenen Ebenen durch Alteritäten geprägt ist: weil diese Kultur den Forschenden aus der Ferne selber „fremd“ ist, weil sie dort als „fremd“ wahrgenommen werden, aber auch weil sie diese Umgebung sowie auch die Geschichten, die man ihnen dort anvertraut, selber erst als „fremd“ definieren und damit zum „Anderen“ machen (im Englischen wird dieser Prozess der Zuweisung als „Othering“ bezeichnet). Der Maßstab, an dem die Erfahrungen gemessen werden, die man bei einer Reise in eine andere Kultur macht, ist dabei das „Eigene“, das aber ebenso oft erst aus diesem Gegensatz heraus konstruiert wird. In diesem Dualismus polarer Begriffe werden Aus- und Abgrenzungen vorgenommen und das Verbindende, Gemeinsame wird oft übersehen. Bei diesem Akt der Perspektivierung werden traditionelle europäische Selbstbilder reproduziert. Diese folgen mentalen Dispositionen und der Orientierung an historischen Vorbildern aus kolonialer Zeit wie Überlegenheit, Distanzierungen, Exotisierungen, auch Mythifizierungen der Ursprünglichkeit des „Anderen“ usw.

Es wird oft zu Recht darauf hingewiesen: Erinnerungskultu-

---

[13] Für den Raum, der hier besonders interessiert, gibt es etwa die Überblicksartikel „Westafrikanisches Erzählgut“ von Ursula Baumgardt. In: Enzyklopädie des Märchens. Handwörterbuch zur historischen und vergleichenden Erzählforschung hg. von Rolf Wilhelm Brednich, Berlin, Boston 2012, Band 14, Lieferung 2, Sp. 656-667 und „Zentralafrikanisches Erzählgut“ von Paulette Roulon-Doko. In Band 14, Lieferung 3, 2013 Sp. 1295-1306.

rell ist die Phase der Kolonialherrschaft Europas über Afrika noch nicht (genügend) verarbeitet.[14] Sie wirkt auch in die Forschungslandschaft hinein, in der noch immer zu wenig diskursiver Austausch zwischen Afrika und dem globalen Westen stattfindet. So fehlt oft genug die nötige kulturelle Sensibilität, um in der Begegnung zwischen dem Erzählforschenden und seinen afrikanischen Kontaktpartnern das Vertrauen aufzubauen, das erforderlich ist, um eine „objektive" Textgestalt von Quellen zu gewinnen. Denn Forschung ist immer auch Herrschaft über die, die zu Objekten der Betrachtung gemacht werden und deren kulturelle Produkte und Leistungen vom Ort ihrer Entstehung „entfernt" werden.[15] Auch die aus der europäischen Literaturwissenschaft vertrauten Vorstellungen von „Objektivität", „Authentizität", „Originalität" von Texten usw. sind nicht geeignet, dem Phänomen der afrikanischen Märchenerzählung in zufriedenstellender Weise gerecht zu werden.

Daher üben die vor allem von Intellektuellen aus Ländern des Globalen Südens getragenen sog. „postcolonial studies" scharfe Kritik an der die Wissenschaftslandschaft noch immer dominierenden eurozentristischen Haltung, die auch für die Beschäftigung mit Narrationen gilt. Verwiesen wird demgegenüber auf die Eigenständigkeit und Bedeutung der Erzähltraditionen anderer Epochen und Kontinente, aber auch auf die unter dem Übergewicht der Grimmschen Märchen fast erdrückte Vielfalt innerhalb von Europa, vor allem an der europäischen Peripherie. Deutlicher als bisher gilt es zudem den Mischcharakter von Überlieferungen in Betracht zu ziehen: die gegenseitige Beeinflussung und Verflochtenheit von Narrationen in globaler Perspektive.

Auf dieser Ebene stellen sich auch neue Fragen aus histori-

[14] Vgl. dazu: Wazi Apoh/Bea Lundt (Hg.): Germany and its West African Colonies. „Excavations" of German Colonialism in Post-Colonial Times, Berlin 2013. (Publikation einer Tagung an der Universität Winneba (Ghana) 2011); Bea Lundt: Koloniale Mentalität im Diskurs zwischen Europa und Afrika. In: Peter Dinzelbacher (Hg): Gründe mentalitätshistorischen Wandels (im Druck).

[15] Zum „kolonialen Blick" vgl. etwa Joachim Zeller: Weiße Blicke Schwarze Körper. Afrika im Spiegel westlicher Alltagskultur. Erfurt 2010.

scher Sicht: gibt es eine vorkoloniale Verbindung zwischen den Kulturen Afrikas und der westlichen Welt, die sich in Märchen spiegelt, wie wir es für narrative Einflüsse aus dem asiatischen Raum wissen?[16] Denn Migration von vielen Menschen war auch zwischen Afrika und Europa nicht die Ausnahme, sondern der Normalfall. Handwerker, Künstler, Gesandte und Diplomaten, Geistliche und Missionare, Kaufleute, Gelehrte, Prostituierte waren unterwegs zwischen den Kontinenten, zu Schiff, zu Fuß, auf dem Rücken von Pferden und Kamelen, lange vor jener Phase, die wir als „Zeitalter der Entdeckungen“ bezeichnen und mit dem Namen des Christoph Columbus verbinden. Jahrhunderte bevor die Schiffe der Weißen sich an den Küsten Westafrikas zeigten und Europäer von dort in das Landesinnere vordrangen, saß man abends am Feuer zusammen und erzählte sich Geschichten; dabei vermischten sich Traditionen und Motive. Durch die Sahara führten zahlreiche Verbindungen.

Auch eine alte afrikanische Schriftkultur, wie sie etwa in dem spirituellen Zentrum Timbuktu gepflegt wurde, wird zur Zeit neu entdeckt.[17]

Die postkoloniale Kritik stellt die auf Extremen und Unterschieden basierende dualistische Denktradition des 19. Jahrhunderts in Frage, die noch immer fortwirkt. Offenbar ist der starre

---

[16] Bekannt sind die zentralen Einflüsse von Erzähltraditionen aus Asien, die in vorkolonialer Zeit nach Europa kamen. Die älteste Sammlung waren vermutlich die altindischen Geschichten des Panchatantra, (3. bis 6. Jahrhundert), die Sindbad-Tradition (seit dem 9. Jahrhundert), Barlaam und Josaphat, das von einem indischen Prinz handelt, entstand vermutlich um das Jahr 1000. Vgl. etwa auch die „Seven Sages Society“, ein Netzwerk mit jährlichen Newslettern und einer Bibliographie, die weltweit Forschende zu den beiden Zweigen der orientalischen und der europäischen Versionen der „Seven Sages of Rome“ verbindet: http://sevensagessociety.org. Der kanadische Romanist Hans R. Runte begründete 1976 diese informelle Gruppe und zirkuliert seitdem die Informationen.

[17] Vgl. etwa John O. Hunwick, Alida Jay Boye, Fotos Joseph Hunwick: Timbuktu und seine verborgenen Schätze. München 2009. Für seine besonderen Verdienste um den Erhalt der in Timbuktu entstandenen Handschriften erhält der Archivar Abdel Kader Haidara aus Mali 2014 den Deutschen Afrika-Preis.

Gegensatz einer volksnahen und strikt von ihr abgesetzten Elitekultur in beiden Kontinenten unhaltbar; ähnliches gilt für die Zuordnung von Oral- und Schriftkultur; beides hat sich ja schon am Beispiel der Grimmschen Märchen gezeigt. Während es zahlreiche Schriftzeugnisse in Afrika auch in jener Phase gegeben hat, die wir „Mittelalter“ nennen, sind auch spätere Schübe der Verschriftlichung von „volksnahen“ Narrationen zu unterscheiden. Auch Tokponto macht in seinem Essay deutlich, dass es nach der oralen Tradition der Überlieferung eine neue Welle der Aufmerksamkeit für die Narrationen in Benin gegeben habe, ausgelöst durch die französische Kolonialmacht, die eine Verschriftlichung der Märchen in Gang setzte. Damit wird ein weiterer starrer Dualismus fragwürdig: der zwischen einer kolonial fremdgesteuerten Erziehung in Afrika auf der einen Seite und den autochthonen Traditionen in den Familien, die sich diesem Einfluss dauerhaft entziehen konnten, auf der anderen. Das Afrikanische Märchen überlebt den Kolonialismus, und es zeugt von beidem: der eigenständigen kulturellen Tradition und ihrem Fortwirken, aber auch von einer Einflussnahme der Kolonialherren, dessen Realität nicht geleugnet werden kann. So gibt es neue populäre Textgruppen in West-Afrika, die auf die Herausforderung des Kolonialismus reagierten, etwa durch Dialoge von „talking drums“, die vor der Gefahr des Eindringens der Europäer warnen.[18]

Um solche Überlegungen zu konkretisieren, bedarf es vielfältiger weiterer Forschungen. Wichtig ist dabei, dass es ein Vertreter der eigenen Ethnie ist, der Narrationen erhebt, sie erklärt, deutet und auch weitervermittelt, und dass es dabei zu einem Prozess des echten Austausches zwischen den Kulturen in beide Richtungen kommt. Denn der Blick aus verschiedenen Perspektiven ist wichtig, um Erzählungen verstehen zu können. Deutlich ist dabei schon jetzt, dass die Aktivitäten von Wekenon Mensah Tokponto nicht nur

[18] Vgl. dazu Alhji Alhassan I. Sulemana: Ka Adibo Dali La? What at the Battle of Adibo? Interrogating German Rule in Dagbon. In: Apoh/Lundt (Hg.): Germany and its West African Colonies. Berlin 2013, S. 173-184.

entscheidende Anstöße zum Erhalt der Erzähltraditionen des Landes Benin vermitteln, wie er es bescheiden als sein Ziel formuliert. Darüberhinaus helfen sie auch mit, die Vielfalt der Texte mit märchenhaften Elementen in ihrer weltweiten Bedeutung neu einzuordnen und zugleich auch die Fixierung auf die Grimmschen Märchen zu überwinden. Er zeigt uns quasi den „Deutschen Erinnerungsort Grimmsche Märchen“ afrikanisch durchleuchtet von außen.

Mehr Stimmen von Menschen aus den Ländern des Globalen Südens müssen in die Diskurse der Wissenschaftslandschaften des “Westens“ eingehen, darin besteht Konsens im Globalen Norden. Vernachlässigt wurde bisher insbesondere die Erforschung dessen, was als „local knowledge“ bezeichnet wird, das heißt jener Traditionen des Wissens, die für die regionale Gemeinschaft wichtig waren, jenseits des akademischen Seminarbetriebes. Auch Tokponto hat mit seinen Studierenden das Universitätsgebäude in der Landeshauptstadt verlassen und in den ländlichen Regionen Benins recherchiert. Märchen lassen den Transfer dieses vor Ort gewonnenen Wissens erkennbar werden.

Zur Entstehungsgeschichte dieser Reihe

Der vorliegende Band ist der erste für eine neue Publikationsreihe, die in Kooperation zwischen Afrika und dem „Westen“ Zeugnisse über den afrikanischen Kontinent publizieren will. Die Planung entstand durch Aktivitäten im Austausch zwischen der Europa-Universität Flensburg und verschiedenen westafrikanischen Ländern, in die auch weitere Wissenschaftler und Wissenschaftlerinnen involviert wurden.

Zusammen mit Ulrich Marzolph von der Arbeitsstelle „Enzyklopädie des Märchens“ (Akademie der Wissenschaften Göttingen) veranstaltete ich 2012 eine Tagung im Goethe-Institut in Accra (Ghana) mit dem Titel „Narrating (Hi)stories. Storytelling in and about West-Africa“. Es war das Gedenkjahr für die 100 Jahre zuvor erfolgte Erstpublikation der Grimmschen Märchen. Gerade deshalb wollten wir ein Defizit aufgreifen, nämlich westafrikanische Narrationen zu erforschen und im Dialog zwischen Wissenschaftlern und Wissenschaftlerinnen aus Europa und Afrika zu diskutieren. Die Teilnehmenden aus verschiedenen westafrikanischen Ländern und verschiedenen Fächern stellten eigene Narrationen vor und vermittelten eine Vorstellung von der lebhaften Erforschung dieser Texte. Sie bedauerten den Verlust der älteren oralen Erzähltradition, den auch Tokponto beschreibt. So wurde ein eigenes Schulfach „Erzählen" vor wenigen Jahren abgeschafft, wie sie berichteten. Es gab aber auch eine Kritik an einer einseitigen Klage über einen Identitätsverlust durch den Untergang der narrativen Traditionen. Gewarnt wurde davor, die Chancen der breit zugänglichen medialen Angebote zu verkennen, die zu neuen Verarbeitungen der Überlieferungen führen.[19] Beispiele für eine solche Transformation und kreative Durchmischung von Erzählstoffen in andere mediale Kontexte wurden vorgestellt, etwa im Comic, Hip Hop oder Film; Bestrebungen für eine Erneuerung älterer Performanzkulturen wurden sichtbar: etwa durch den Bau eines „Amphitheaters", an dem eine Institution der Lehrerausbildung mit ihren Studierenden Formen der Darstellung praktisch erprobt. Zudem wurde auf eine gewisse Regeneration der familiären Erzählsituationen hingewiesen. Möglicherweise hat gerade die Angst vor dem gänzlichen Verlust der Erzählkultur Bestrebungen zu ihrem Erhalt heraufbeschworen. Und schließlich gibt es auch in Ghana Aktivitäten, an der University of Ghana in Legon bei Accra ein „Archiv" weiter auszubauen, in dem Texte, Bilder und Filme bewahrt werden, ähnlich wie die Bestrebungen, von denen Tokponto berichtet. Gerade angesichts solcher spannender Ergebnisse ist es bedauerlich, dass die Vernetzung innerhalb der Märchenforschenden in Westafrika sowohl untereinander als auch mit der internationalen Erforschung von Erzähltraditi-

[19] So etwa Simon Kofi Appiah: Continuity and Discontinuity in Traditional African Narrative Ethics: Can a Crisis of Traditional African Morality be Due to a Crisis of Narrative? In: Bea Lundt/Ulrich Marzolph (Hg.): Narrating (Hi)stories. Publikation der Tagung 2012 (im Druck).

onen noch nicht sehr ausgeprägt ist.[20] Aus dieser Tagung resultieren eine Reihe von Folgeaktivitäten, etwa die Dokumentation von Lieblingsgeschichten, die Schulkinder in der ghanaischen Universitätsstadt Winneba erzählen.[21] Die Zusammenarbeit eines Filmemachers mit traditionellen Erzählern brachte eigene Filme hervor, wobei die dörfliche Gemeinschaft ein Drehbuch schrieb und ihre Erzählungen um den Spinnenmann Ananse selber spielerisch gestaltete- sie nahm die Herausforderung gerne an, eine andere, dritte Art der Bewahrung des kulturellen Erbes anzunehmen, als es sowohl die mündliche Tradierung als auch die schriftliche Fixierung darstellt: die Arbeit mit bewegten Bildern.[22]

Zum Inhalt der Märchen

Wie stellt man sich in Deutschland westafrikanische Märchen vor? Gut erforscht sind inzwischen die verbreiteten Klischees der Erwartung:[23] Dazu gehört die zentrale Assoziation vom Urwald mit seinen mächtigen Tieren wie Elefant, Löwe, Tiger und einem furchterregenden Krokodil im Wasser, am Ufer Kinder bekleidet nur mit einem Lendenschurz. Als optisches Signal wurde eine solche Gestaltung etwa vorgenommen für das Titelblatt der Herausgabe der

---

[20] Die Dachorganisation „International Society for Folk Narrative Research" (ISFNR) verbindet Forschende aller Kontinente. Sie ist, so die webpage: „a scholarly and professional organization of international specialists in the areas of folk narrative, popular literature, folklore, and related fields." Präsident ist seit 2009 Ulrich Marzolph. Die Stelle des „Vice-President representing Africa is currently vacant".

[21] Vgl. dazu: Von guten und bösen Geistern. Schulkinder erzählen Geschichten in Afrika (Ghana). Quellen und Kommentare. Hg. Bea Lundt (erscheint 2015, in Vorbereitung).

[22] Vgl. dazu: Ananse- der Spinnenmann. Über eine zentrale Figur der ghanaischen Erzähltradition. Hg. Bea Lundt und Johannes Preuß (mit einer CD, die drei Filme über Ananse enthält) (erscheint 2015, in Vorbereitung).

[23] Vgl. etwa Martin Sturmer: Afrika! Plädoyer für eine differenzierte Berichterstattung. München 2013. Dazu die Rez. von Bea Lundt. In: Zeitschrift für Geschichtswissenschaft (ZfG), Heft 4 (2014), S. 354-355.

Märchen von Nelson Mandela 2002 und auch für die deutsche Ausgabe 2006.[24] Absichtlich haben wir uns für ein anderes Motiv entschieden: einen staubigen Weg entlang eines Dorfes mit seinen menschlichen Behausungen, der auf zwei verschiedene Bäume zuführt: einen helleren Baobab und einen düster und bedrohlich aussehenden Baum. Das Bild soll die Lebensreise mit ihren Alternativen symbolisieren und zum Nachdenken anregen.

Von Tieren ist allerdings in der Textsammlung oft die Rede. Doch werden sie anders eingeordnet als erwartet. Bereits der Titel der Sammlung überrascht: denn der Regenwurm wird gemeinhin für ein Tier der kälteren Regionen gehalten, das zudem nicht in die Wildnis gerechnet, sondern mit der Gartenpflege in den Vorgärten betuchter Bürger verbunden wird. Ohnehin ist ein Regenwurm ein wenig spektakuläres Wesen, seine Erhebung zum Titelhelden überrascht also. Auch viele andere Tiere, die in diesen Märchen als zentrale Figuren auftreten, werden für deutsche Lesende ungewohnt eingeführt: vor allem der Hase, ein Tier des bebauten Feldes, der in Europa sprichwörtlich als ängstlich gilt. Hier ist er ein besonders kluges, ja „das Klügste unter allen Tieren“ (Märchen 6), er verfügt sogar über die Fähigkeiten eines außerordentlichen Wesens, des „Bokonons“, der ein Seher ist (33). Die Eigenschaft der Gewandtheit und Schnelligkeit, die dem Hasen zukommt, wird offenbar unterschiedlich interpretiert. Noch überraschender ist die Rolle von Tieren, die man in der westlichen Welt für Haus- und Nutztiere hält, die vom Menschen domestiziert wurden und damit ihre ursprünglichen Fähigkeiten verlieren: Hahn, Kuh, Schwein, Schaf und Ziege, auch die Taube (17) mischen sich mit den Tieren des Waldes. Der Hahn, in Europa zumeist ein eitler Störenfried der Nachtruhe, wird als eine Art Repräsentant der Spezies Vögel gezeigt. Er erweist sich als gefährlicher Mörder, der einen Falken

---

[24] So das Titelblatt von: Nelson Mandela: Meine afrikanischen Lieblingsmärchen. München 2007. Auch schon die Gestaltung des Deckblattes der Erstausgabe Madiba Magic: Nelson Mandela's Favourite Stories for Children. South Afri ca 2002.

schädigt (15). Die Eigenschaften der Tiere erscheinen also zum Teil herumgedreht, und mit dem Verhalten in der Vergangenheit wird die gegenwärtige Position im Tierreich erklärt. Etliche der Märchen erklären bestimmte Eigenschaften von Tieren auf eine solche Weise. Damit werden diese nicht als natur- oder gottgegeben hingestellt, sondern sie werden erworben: die Skelette und Zähne durch einen kunstfertigen Schmied (1 und 2). Es bedarf aber auch des persönlichen Bemühens: der Unachtsame, Arrogante verpasst seine Chance und wird dauerhaft bestraft. Oft siegt der eigentlich körperlich Unterlegene: so weiß ein Hirsch sich gegen die Gefahr eines hungrigen Tigers durch List zu retten (4). Sogar die Fliege wird als mächtiger Heiler dargestellt (17). Der Löwe ist zwar der König der Tiere, doch wird gerade er in seiner respekteinflößenden Autorität gedemütigt (6). „Der Löwe ist doch nicht der Größte!“, so wird explizit festgestellt (33).

Ort der Handlung ist meistens das Dorf, das als weit entfernt bezeichnet und damit in eine Distanz gerückt wird, die es als eher symbolischen Ort menschlichen Lebens kennzeichnet. Die menschlichen Figuren bestellen Felder als Farmer und Bauern, sie jagen im Wald. Typisch als Anlass für die Märchenhandlung sind Trockenheit und Hungersnot als Bedrohung, die es gemeinsam zu bewältigen gilt. Die Zusammengehörigkeit wird dabei in Frage gestellt, wenn einzelne sich gierig und egoistisch auf Kosten anderer bereichern (34). Wir erwarten große Familien in afrikanischen Märchen, doch werden oft Einzelschicksale vor uns entfaltet. Typisch sind Mehrgenerationenfamilien, wobei sich Verstrickungen erst in der Enkelgeneration realisieren oder erfüllen. Der Reichtum, gerade auch als der symbolische Reichtum der Problemlösung gekennzeichnet, kommt oft von der Mutter (22); starke kluge Frauen kommen vor, die ihr Ziel erreichen, wenn sie sich auf ihre eigenen Fähigkeiten besinnen (26). In den Verwandtschaftsbeziehungen begegnet eine unerwartete „Buntheit“: die absolut zentrale Figur des Schmiedes ist ein „Onkel“ des Regenwurmes, der aber die Chance versäumt, von dieser illustren Verwandtschaft zu profitieren. Immer wieder begegnen polygame Konstellationen (12, 16, 28, 30, 31, 32,

36, 38, 39). Gerade ein erfolgreicher Mann hält sich oft mehrere Frauen, wobei die erste die zweite eifersüchtig bekämpft und ihr keinen Raum zugestehen will, mit tragischem Ausgang. Die Moral der Geschichte fordert mehr Toleranz. Eifersucht ist aber nicht rein weiblich. Es wird auch von einem Vater berichtet, der seinem Schwiegersohn die Tochter als Gattin nicht gönnt und dafür bestraft wird (3). Auch ein Beispiel für einen Geschlechtertausch kommt vor (28), wobei es für den Wunsch, dem einen wie dem anderen Geschlecht zuzugehören, situativ gute Gründe gibt. Ebenso wichtig wie die Familie scheint die Verbindung durch Freundschaft. Durch Eigenschaften wie Arroganz, Selbstsucht, Egoismus, Isolation aus der Gruppe wird sie in Frage gestellt. Menschen wandeln sich durch Belehrung zum Besseren, so wird eine böse Stiefmutter bekehrt durch den Geist der toten Mutter des Kindes (30). Verschiedene Zwischenwesen werden eingeführt und ihre Bedeutung wird in Fußnoten erklärt. Es gibt den personifizierten unentrinnbaren Tod (35), Geister (24), Riesen und Zwerge (34), ein Hexenkind (25). Adonoyogbo (auch einfacher Yogbo oder Yo genannt) ist eine klassische Tricksterfigur und erinnert an den in Ghana zentralen Kweku Ananse, einen unsozialen Spinnenmann.[25] (7, 8, 18, 23, 24, 37). Der Bokonon ist der „Orakelpriester"; Aziza ein böser Schalk, der etwa eine arme Frau grundlos peinigt, weil sie ihn um eine einfache Hilfe bat (9). Solche ärgerlichen, ja bedrohlichen Quälgeister können aber auch besiegt und vernichtet werden. Menschen sind nicht hilflos überirdischen Mächten ausgeliefert, sondern verfügen selber über Zauberkräfte. Selbst einfache Hunde erweisen sich als einem Zauberwesen überlegen (10).

Viele Motive sind aus europäischen Erzähltraditionen bekannt, wie Brautproben oder Handlungselemente wie die Identifizierung eines unbekannten Täters durch die Präparierung eines Ge-

---

[25] Der Filmemacher Johannes Preuß hat sich seit 2012 insbesondere mit dieser Figur beschäftigt, Märchenerzähler in Ghana zu ihr befragt und Filme gedreht. Dokumentation und Analyse dieser Aktivitäten Lundt/Johannes Preuß: Kweku Ananse (erscheint 2015).

genstandes, sodass er daran festklebt. (6). Vertraut aus zahlreichen Belegen sind auch Naturgestalten, die sich in ein Menschenwesen verwandeln und mit diesem eine Verbindung, oft Ehe eingehen: die „Mahrtenehe“: Hier wird aus einer Palme eine Frau, die in die Menschenwelt hineinheiratet (12), auch Hirschkühe verwandeln sich in weibliche Wesen (36). Eine solche Beziehung ist oft durch ein Tabu belastet, ein Geheimnis, das der menschliche Part übertritt. „Willst Du auch meine Sitten respektieren?“, fragt ein nicht näher spezifiziertes „Wildtier“ seinen Partner. Sein im Haus verwahrter Pelz garantiert ihm die Verwandlungsfähigkeit (38). Als es seine Forderung nicht akzeptiert findet, wird es wieder zum „wilden Tier“ und frisst gnadenlos seine Bezugspersonen.

In europäischen Märchen wird oft gezeigt, wie ein Scheusal sich durch die Liebe einer Partnerin zum Guten verwandelt und unter den Menschen seine Heimat findet, so im Froschkönig, aber auch im Tierbräutigam. In einer bemerkenswerten Geschichte wird hier gezeigt, wie ein Mädchen, das sich bedingungslos und hingebungsvoll für einen Partner entschieden hat, aus der Gefahr befreit wird, die dadurch entsteht, dass dieser langsam und unerwartet immer scheußlicher wird. Die Wesen, zu denen er eigentlich gehört, haben weder Arme, Beine noch Köpfe und können nur rollen. Doch sind sie nicht wehrlos, denn sie schützen ihre Gemeinschaft durch eine Art Wärter, ein „Ungeheuer“, das die unerwünscht vollständige Partnerin eines ihrer Mitglieder vertreibt. Aber in diesem Dorf fremder Wesen ist auch ein Jäger präsent, der das Mädchen „nach Hause zu seinen Eltern“ bringt (3). In Titel und Moral wird sie als „eigensinnig“ kritisiert. Man hätte sich auch ein anderes Ende vorstellen können, als sie so beherzt beharrt, den Jungen trotz seiner Einschränkungen heiraten und zu ihm ziehen zu wollen.[26] Doch

[26] Dazu Nina Paarmann: Narration und Geschlecht: Die Geschlechterkonstruktionen in Märchen und Mythen Westafrikas. Vortrag auf der Tagung: „Gender in Geschichtsdidaktik und Geschichtsunterricht. Einig in der Kontroverse?“ An der Friedrich-Alexander Universität Erlangen-Nürnberg im November 2014 (im Druck).

gibt es auch das Beispiel von dem Baum, der sich als Frau verwandelt und in einen Leprakranken verliebt. Trotz der Gehässigkeit der Gemeinschaft hält das Paar zusammen: „Und beide gingen in ein anderes Land und ließen sich dort nieder und lebten glücklich." (40) Das Ende erinnert an ein Lai der Marie de France aus dem 12. Jahrhundert, bei dem ein Paar, von der dominanten gesellschaftlichen Gruppe abgelehnt, sich auf die mystische Insel Avalon flüchtet. Nicht immer also sind der Geburtsort und die Herkunftsgruppe die entscheidende moralische Instanz. Es gibt vielmehr Alternativen, die man erfolgreich wählen kann.

Körperbehinderte erweisen sich auch zu Hause als besonders überlegen, so zwei Blinde, die durch eine Helfergestalt beschenkt besonders erfolgreich und glücklich werden (31). Die Moral ist auch auf Seiten eines Prinzen, der wegen seiner Hässlichkeit verstoßen wird und sich erfolgreich rächt (14). Es gibt also eine Vielfalt von Problemstellungen und ganz unterschiedliche Lösungen.

Auch bei dem breiten Angebot der hier eingesetzten Mittel für die Verständigung unter den Märchengestalten gibt es zahlreiche Entdeckungen zu machen. So werden die „Sprechenden Trommeln" vorgestellt (3), die die Kommunikation über Distanzen gewährleisten. Sehr oft wählen Wesen, die sich nicht verbal mitteilen können oder wollen, das Lied: Sie singen ihre Botschaft, die auch hier in der Landessprache präsentiert und dann übersetzt wird, oft auch wiederholt, auch wenn es zunächst nicht rezipiert wird, zum Schaden des so vergeblich Angesprochenen. Denn das Lied enthält die Wahrheit.

So wünsche ich mir, der „westlich" geprägte Lesende möge diese Märchen entdecken, die nicht nur „hin und her springen" (so zumeist die Einleitung, vor allem bei den Fon-Märchen), sondern sich auch auf vielfache andere Weise bewegen, bevor sie sich zu bleiben entscheiden. Sie „rollen, rollen" (6, 10, 13, 16, 22, 24) „rollen von Land zu Land ", „springen von Land zu Land" (30), „fliegen", „rollen, fliegen" (11), „fliegen, fliegen" (12, 18, 23), „rollen, fliegen, fliegen" (14, 19), „laufen, rollen, fliegen" (20) u.a. In der Ethnie der Bariba ist es üblich, sie durch aktive Willensbekundung explizit einzuladen und durch das Versprechen der Aufmerksamkeit zu bannen. Dort antwortet das Publikum, bevor es losgeht: „Wir sind dabei ganz Ohr“ (25, 26, 42, 52) oder: „Wir heißen es willkommen“ (43).

Auch wenn dieses Buch die Märchen auf eine andere mediale Weise vermittelt, können wir doch gedanklich diesen Prozess nachvollziehen: Lassen Sie uns zunächst ganz Auge sein! Und - auch wenn wir nicht mit über die Moral diskutieren können – sollten wir aktive Teilnehmende und Rezipierende sein.

Danksagung

Zunächst danke ich dem Sammler Mensah Wekenon Tokponto, der mir seine wertvolle Märchen-Sammlung anvertraute und meinem Wunsch entsprach, diese selber zu kommentieren. Meiner Hochschule, der Europa-Universität Flensburg, bin ich zu Dank verpflichtet, weil sie den Aufbau von Kontakten zu westafrikanischen Ländern seit 2009 großzügig förderte. Für zahlreiche Diskussionen im Zusammenhang mit gemeinsamen Reisen in Westafrika, Forschungen und Publikationen sowie für die Mitherausgabe dieser Reihe danke ich meinem Kollegen aus Ghana, Yaw Ofosu-Kusi, Gastprofessor (DAAD) 2013 und 2014 an der EUF. Ulrich Marzolph (Göttingen) sah diese Einleitung kritisch durch, Matthias Schellenberg (Berlin) gestaltete das Titelblatt, die Deutsche Afrika-Stiftung (DAS) Berlin unterstützte den Druck, Nina Paarmann (Flensburg) besorgte die Textverarbeitung, Veit Hopf nahm den Band in sein Verlagsprogramm auf. Allen sei herzlich gedankt!

Mensah Wekenon Tokponto

Die Bedeutsamkeit der Oralkultur in Benin – zwischen Tradition und „Moderne“

Die traditionelle Erzählsituation

In vielen Ländern Afrikas, in denen die Mündlichkeit noch vorherrscht, stellt das Märchen die populärste Gattung der Oralliteratur dar. Dieser Regel entzieht sich Berlin, nein Benin auch nicht, ein kleines Land in Westafrika zwischen Nigeria und Togo direkt am Atlantik, das so groß wie Bayern und Baden Württemberg zusammen mit etwa 9,5 Millionenen Einwohnern ist. Früher Königreich Danxome und dann République du Dahomey genannt gehört die heutige Republik Benin zu den ärmsten Ländern der Welt.

Diese materielle Armut des Landes hat jedoch nichts mit seinem großen immateriellen Reichtum zu tun, das in der Vielfalt an seinen kulturellen Potentialen begründet liegt. Zu den immateriellen Reichtümern Benins zählen nicht nur Sprichwörter, Rätsel, Epen, Mythen, Legenden, Sagen usw., sondern auch und vor allem seine Märchen, die über Generationen hinweg mündlich überliefert wurden. Ursprünglich war das Erzählen in Benin nur die Angelegenheit der Griots gewesen, die auf dem Königshof ihre Erzählkunst zur Schau stellten. Sie waren in der Lage, nicht nur Märchen zu erzählen, sondern auch Legenden und Geschichten über die Herkunft des Königreichs. Sie sangen die Heldentaten der Könige durch Loblieder und galten als professionelle Erzähler, die nur im Dienste der Könige standen. Im Laufe der Zeit wurde diese Erzählerfunktion auf andere Gesellschaftsschichten, nämlich auf einfache Menschen übertragen, die das Märchenerzählen von großen Eltern und Ureltern gelernt und weitergegeben hatten. Einige unter ihnen waren so exzellent, dass man zu ihnen bei den Fon in Benin „E jí yé kpó hwénuxó o kpó“ sagt, was so viel bedeutet wie: das Märchenerzählen ist ihnen angeboren. Es waren Märchenerzähler, die die Redekunst beherrschten und beim Erzählen ihren ganzen Körper zum Einsatz brachten. Gesichtsausdruck, Mimik, Gestik gehörten zu ihrer Erzählkunst. Das konnte ich bei den Erzählabenden erleben, an denen ich in meiner Schulzeit in den siebziger und achtziger Jahren auf dem öffentlichen Platz meines Dorfes Kinta in der Mitte des Landes teilnahm.

Der Erzählabend begann jedes Mal mit einem Ritual. Das heißt, die Kinder versammelten sich als erste auf dem Dorfplatz im Mondschein oder um ein angezündetes Feuer und führten den Abend mit Rätselspielen ein, wobei ein Kind ein Rätsel sagte, das die anderen lösen sollten. Ich erinnere mich noch an ein Rätsel, das lautet: *Ich kenne einen Obstbaum, und wenn dieser zum ersten Mal Früchte getragen hat, muss er nach der Ernte seiner Früchte sterben. Um welchen Baum geht es?* Über die Lösung solch eines Rätsels mussten sich die Kinder eine Weile Gedanken machen, Vorschläge dazu formulieren, bis eines von ihnen dazu kam und sagte, es wisse die richtige Antwort und das sei der Bananenbaum. Gleich bekam es einen großen Applaus. Die Rätselrunde ging so weiter, bis erwachsene Menschen, nämlich Mann und Frau, Alte und Junge zu der Gruppe der Kinder kamen. Zuletzt trat der Märchenerzähler auf, der seine Märchen mit einem Lied anfing. Dieses Lied war den Zuhörern bekannt, und sobald er es anstimmte, wurde es von dem ganzen Publikum wiederholt und mitgesungen. Nach Abschluss des Liedes führte der Erzähler sein Märchen mit der Formel ein: xèxó cé zòn mò víín bó yí jè“, was so viel bedeutet, wie“ Mein Märchen springt oder fliegt hin und her….. und setzt sich oder fällt auf…. einen Hasen und eine Schildkröte oder eine Prinzessin, einen König usw.“ Sobald die Zuhörer diesen Satz hören, wissen sie, dass sie gleich in eine imaginäre Welt entführt werden, die ihnen fremd aber doch nah ist, eine Welt, in der das Fantastische und das Reale miteinander verwoben sind.

Die Erzählweise des professionellen Erzählers fesselte das Publikum sehr, denn er ließ dabei seinen ganzen Körper mit erzählen. Seine ständige Körpersprache während der ganzen Erzählung gab auch Anlass zu einer direkten Kommunikation zwischen ihm und dem Publikum, was die folgende Aussage Aitmatows bestätigt:

Das Wort stirbt, wenn wir es nicht mit anderen teilen. Diese Interaktion zwischen dem Erzähler und der Zuhörerschaft und seine körperlichen Hilfsmittel (Gesten, Körperhaltung, Gesichtsausdruck, Intonation, Schweigen) sind, wie eine alte Erzählerin aus Nigeria es einmal zum Ausdruck brachte, Dinge, die der Erzählung „Würze verleihen". Diese körperlichen Hilfsmittel spielen auch eine explikative (erklärende), informierende und substitutive (Ersetzung eines starken Ausdrucks) Rolle. Jeder professionelle Erzähler veranschaulichte durch seine Rhetorik, die Beherrschung der Erzählkunst, sein Überzeugungsvermögen durch das Wort. Bei diesem Erzählereignis kann jeder Zuhörer offensichtlich den besten Erzähler erkennen. Dies setzt selbstverständlich ästhetisch festgesetzte künstlerische Kriterien voraus, die der Erzähler erfüllen muss und die, abgesehen von der Qualität der Performanz, der Oralität, auch die Menge seines Repertoires und die Authentizität seiner Schöpfungen berücksichtigen müssen.

Es gab unter den Erzählern eine große Konkurrenz, und die hervorragendsten wurden dauernd zum Erzählen in anderen Dörfern eingeladen und bekamen zum Schluss bestimmte Prämien wie Sodabi (beninischer Schnaps aus Palmwein), Nahrungsmittel (Mais, Bohnen, Erdnüsse, Palmöl, Hirse oder Sorgho und Yamswurzel) und manchmal Stoffe zum Zudecken usw. als Ansporn. Der Erzählabend verlief damals in so einer bezaubernden Atmosphäre, dass niemand früh ins Bett gehen wollte. Die Märchen galten für die Bewohner meines Heimatdorfes nicht nur als ein unterhaltsames Moment, sondern auch als ein belehrendes, denn das Ende jeder Erzählung gab Anlass zu Diskussionen um die Moral, die der Erzähler explizit aussprechen musste, wozu sich jeder äußern durfte.

Die Situation der Gegenwart

Diese Momente und Erlebnisse meiner Kindheit haben mich so sehr geprägt, dass ich 2002 meine Dissertation über die mündlich tradierten Erzählungen meiner Volksgruppe Fon und die Märchen der Brüder Grimm an der Universität Bielefeld geschrieben und abgeschlossen habe. Der erste Schritt dieser wissenschaftlichen Arbeit war die Sammlung der oral tradierten Märchen der Fon, die ich bei verschiedenen Erzählern in mehreren Dörfern mit einem Tonbandgerät aufzeichnen musste, bevor sie transkribiert, ins Deutsche übersetzt und mit denen der Brüder Grimm verglichen wurden. Bei dieser Arbeit ist mir klar geworden, wie sich die Lebensweisen der Fon- Menschen, ihre Denkweise, ihre Religion, ihre Lebens- und Weltanschauung, ihre alltäglichen Probleme und Zukunftsperspektiven, das soziale Milieu und die gesellschaftlichen Verhältnisse der Fon in ihren Märchen widerspiegeln. Es ist nicht übertrieben, wenn ich hier behaupte, dass einige dieser Aspekte die Psychologie des Fon-Volkes bestimmen und charakterisieren, denn schließlich sind es Menschen, die in den Erzählungen dargestellt werden; und sogar dann, wenn Tiere hin und wieder ihre Rollen übernehmen.

Wenn die im Rahmen meiner Dissertation gesammelten und untersuchten Märchen meiner Volksgruppe Fon ein rein wissenschaftliches Ziel verfolgten, so verstehen sich die nun in dem vorliegenden Band gesammelten und schriftlich fixierten Erzählungen als ein Beitrag zur Bewahrung der mündlich tradierten Literatur meines Heimatlandes Benin vor der Vergessenheit bzw. dem Aussterben und somit einen Teil seines Kulturguts für die Nachwelt zu retten.

In der Tat ist die lebendige Erzähltradition, die ich in meiner Schulzeit öfters auf dem öffentlichen Platz meines Heimatdorfes erlebt hatte, heutzutage in fast allen Dörfern Benins verschwunden. Man macht die bittere Beobachtung, dass ihr ein totaler Niedergang widerfährt. Mitte der Siebziger bis in die achtziger Jahre des 20. Jahrhunderts konnte der traditionell ausgerichtete Erzählabend noch sehr lebendig in den Dörfern erlebt werden, wobei professionelle Erzähler von Dorfplatz zu Dorfplatz wanderten und mit den Märchen ihrer Ahnen in gemeinschaftlicher Atmosphäre die Zuhörer begeisterten. Zu diesem Verschwinden haben Faktoren beigetragen, die sowohl individueller, gesellschaftlicher, ökonomischer als auch kultureller und politischer Art sind. Es ist ein großer Umbruch eingetreten, was das gesamte traditionelle Leben der Dorfbewohner anbelangt.

Die beninische Gesellschaft hat sich in den letzten zwanzig Jahren von einer ländlich-traditionellen zu einer immer städtisch-moderner werdenden Gesellschaft entwickelt. Das Desinteresse der Jugend am Märchen hat einen großen Anteil am Aussterben der Dorfabende, da immer mehr junge Leute auf der Suche nach besseren Arbeitsverhältnissen und schnell verdientem Geld ihre Dörfer verlassen und in die Städte ziehen. Hier macht man oft die Beobachtung, dass sich junge Leute schnell entwurzeln lassen und, einmal ins Dorf zurückgekehrt, die sozialen und traditionellen Normen nicht mehr einhalten. So trägt diese Landflucht maßgeblich zum Niedergang der Erzähltradition bei, zumal der Erzähler kaum noch ein Publikum findet, und wenn er nicht mehr erzählt, geraten seine Märchen in Vergessenheit.

Abgesehen von den individuellen, ökonomischen, materiellen Faktoren leisten auch die Regierung und die politischen Verantwortlichen des Landes ihren Beitrag dazu, dass die Kultur des Märchenerzählens verschwindet. So gibt es keine konkrete Politik zur Förderung der vorher bestehenden Erzähltradition auf nationaler Ebene. Sie hätten andere wichtigere Prioritäten. Wünschenswert wäre es aber, wenn das Märchenerzählen und die Auseinandersetzung mit dieser Thematik in das Schulprogramm aufgenommen würden, um das Bewusstsein der Kinder für ihre Kultur zu wecken. Dieser mangelnde politische Willen ist auch Ursache für die Fortsetzung der Talfahrt der Märchentradition in Benin, so dass die modernen Informationstechnologien ihr auch in den entlegenen Dörfern den Gnadenstoß geben. In diesem Zusammenhang darf der Beitrag der Massenmedien zur Veränderung traditioneller Lebensgewohnheiten nicht unerwähnt bleiben.

Früher, in der Vorkolonialzeit, hatten andere Kommunikationsformen das soziale Leben der Menschen geprägt. Kommunikation fand über mythische, religiöse und rituelle Bräuche statt, die durch Trommeln, Gongschlag, Tanz, mündliche Überlieferungen ihren Ausdruck fanden. Diese Praktiken galten als sichere Alltags-

und Gruppenkommunikationsmittel und waren allen zugänglich. Sie ordneten, wie Hildebrand Ernst schreibt, die menschlichen Beziehungen mittels symbolischer Verfahren, die zur Bewahrung und Aufwertung des kollektiven Gedächtnisses der Gruppe beitrugen.

Auch heute erfolgt öffentliche Kommunikation auf mündlichem, jedoch nicht auf unmittelbarem Wege, sondern übertragen durch audiovisuelle Medien wie Radio und Fernsehen. Seit der Einführung des Radios in den zwanziger Jahren, also in der Kolonialzeit, seit der Liberalisierung der Presse in den neunziger Jahren, verfügt die derzeitige Medienlandschaft des Landes über zahlreiche Radiostationen und vier Fernsehsender. Die Sendungen werden in Französisch ausgestrahlt, während die meisten Menschen Analphabeten sind, die Französisch weder lesen noch schreiben können. Obwohl Anstrengungen in den letzten Jahren unternommen worden sind, um zusammengefasste Fernsehprogramme in den wichtigsten einheimischen Sprachen zu übertragen, bleiben die über siebzig Prozent Analphabeten des Landes von diesen Fernsehsendungen in französischer Sprache meistens abgeschnitten. Trotzdem nehmen die Fernseher rasend Einzug in die entlegenen Dörfer, in denen die elektrische Energie gar nicht vorhanden ist, aber die Menschen sind von diesem neuen Kommunikationsmittel derart fasziniert, dass sie sich aus Mangel an Strom eine alte Autobatterie kaufen, um abends ihre Fernsehgeräte in Betrieb zu setzen. Wer in den Dörfern es schafft, ein Fernsehgerät zu kaufen, verschafft sich ein hohes Ansehen, und wenn er es abends anmacht, verwandelt sich plötzlich sein Hof in den Dorfplatz, auf dem früher der Erzählabend stattgefunden hatte. So haben Fernseher, DVD-Player und Videos den Märchenabend aus den beninischen Dörfern verdrängt.

Der Fernseher lenkt die Aufmerksamkeit und erlaubt nicht mehr, Fragen zu stellen, wie dies beim Erzählabend üblich war. Diese Ausrichtung auf die modernisierte Welt lockt mit anderen Versprechungen. Doch die in Benin ausgestrahlten Filme und Fernsehserien sind dem kulturellen Verständnis der Beniner diametral entgegengesetzt. Dennoch gehen sie immer mehr als ein Orientierungsrahmen in das Bewusstsein vieler Zuschauer ein. Was für ein

Paradox! Mit den massenhaft verbreiteten Fernsehbildern ist die Gefahr für die Werte des Erzählens und für die Werte der Gemeinschaft selbst unheimlich groß. Die Zuschauer schauen die einheitlichen Fernsehbilder oft isoliert voneinander, und so rückt man in Afrika bzw. in Benin Schritt für Schritt in eine Vereinheitlichung der Kultur, in eine Ausrichtung nach westlichen Werten; die Zuschauer geraten unbewusst in ein Bild von der Welt, das ihrer eigenen Weltanschauung völlig entgegengesetzt ist. So verändern sich die Gesellschaft und die Erzähltraditionen durch die Massenmedien und ganz speziell durch den Fernseher in den Dörfern. Der Märchenerzähler findet im Dorf kein Publikum mehr und somit keine Wertschätzung als Vermittler der Tradition. Deshalb aber ist es sehr wichtig, die mündlich tradierten Märchen bei den immer weniger werdenden Märchenerzählern zu sammeln, zu dokumentieren und sie für die Nachwelt schriftlich festzuhalten, bevor die Erzähler alle sterben. Denn wie ein beninischer Fon-Spruch es besagt: *Die Worte fliegen weg, aber die Schrift bleibt erhalten.*

Benin zählt offiziell über sechzig verschiedene Volksgruppen mit unterschiedlichen Sprachen und Märchenkulturen. Um die Sammlung nicht nur auf die Fon-Volksgruppe zu beschränken, habe ich in dem vorliegenden Band mit Hilfe einiger Studenten der Germanistikabteilung der Universität Abomey-Calavi in Benin, Jahrgang 2009-2010 die Sammlung auf elf weitere Ethnien des Landes erweitert. So umfasst der Band die Sammlung von 53 mündlich tradierten und mit Tonbandgeräten aufgenommenen Volksmärchen der Volksgruppen der Fon, Maxi, Bariba, Dendi, Yoruba, Watchi, Gun, Mina, Idatcha, Saxwe, Toffin, Aizo. Es geht mir hier darum, eine flächendeckende Sammlung von Märchen zu konstituieren, die repräsentativ für ganz Benin gelten sollen. Es sind also Märchen, die aus allen Ecken des Landes und zwar aus dem Süden, dem Norden, dem Zentrum, dem Westen und dem Osten Benins stammen. Die Fon-Märchen hatte ich in den Jahren 1996 und 2004 in den Dörfern Kinta, Agbangnizoun, Gbozoun, Lissazounmè, Tindji, Sinwé-Hounto und Adanhondjigon bei Erzählern selbst gesammelt, die alle heute nicht mehr leben. Aber die anderen Erzählungen sammelten 2009 und 2010 einige Studenten von mir, die einer Arbeitsgruppe angehörten, die ich speziell für die Märchenforschung eingesetzt habe. Sie wurden mit Tonbandgeräten ausgestattet und sind für einige Tage in ihre jeweiligen Dörfer gefahren und konnten Märchen ihrer Ethnien aufnehmen. Nach der Sammlung kam die Phase der Auswertung des Materials, wobei Märchen ausgesucht wurden, die sich motivisch und strukturell mit einigen Erzählungen der Brüder Grimm vergleichen lassen. Hier muss darauf hingewiesen werden, dass die interkulturelle und vergleichende Literatur bezogen auf Märchen zu den angebotenen Stoffen der hiesigen Germanistikabteilung gehört. Die ausgewählten Märchen mussten dann ins Deutsche übersetzt werden, wobei die freie Übersetzung als wesentliches Kriterium angenommen und umgesetzt wurde. Ich bin dieser Voraussetzung nachgegangen, da die interlineare Übersetzung meines Erachtens nicht für afrikanische Märchen geeignet ist, weil die Sprachen, in denen sie erzählt werden, Tonsprachen sind. Hier kann ein Wort verschiedene Bedeutungen haben und dies je nach dem Akzent, der auf den einen oder anderen Buchstaben gesetzt wird. Ein Beispiel hierfür ist das Fon-Wort tó (Vater) und tò (Brunnen). Hier stellt man fest, dass das Wort in den beiden Fällen gleich geschrieben wird aber mit unterschiedlichen Tönen, nämlich hoch und niedrig. Das würde die Übersetzung äußerst kompliziert machen. Darüber hinaus kann man mit der deutschen Sprache mit wenigen Worten bzw. Sätzen vieles ausdrücken, was der Erzähler in der afrikanischen Sprache sagt. Der zweite Grund, warum die freie Übersetzung der gesammelten Märchen passender ist, hängt mit bestimmten Worten, Begriffen und Ausdrücken der hiesigen Landessprachen zusammen, die sich sehr schwer ins Deutsche übersetzen lassen. In diesem Zusammenhang kann nur die freie Übersetzung behilflich sein, um die Märchentexte verständlich und zugänglich zu machen, denn das Ziel besteht hier nicht nur darin, die Geschichten zu sammeln, schriftlich festzuhalten und sie vor dem Aussterben zu retten, sondern auch, durch sie die beninische Kultur im Ausland etwas bekannter zu machen.

Zum Stand der Erforschung der Märchen in Benin

Dass die Märchentradition in Benin bzw. in Afrika jahrhundertelang auf der Oralität beruht und bis heute noch weitgehend von der Mündlichkeit geprägt ist, ist kein Geheimnis. So werden die Märchen heutzutage in den abgelegenen Dörfern Benins von Mund zu Mund erzählt, auch wenn die Erzähltradition aufgrund der rasanten Entwicklung in den Dörfern an Boden verliert.

Wenn das mündliche Erzählen der Märchen in Benin die ursprünglichste Form ihrer Bewahrung für die Nachwelt darstellt, so war eine zweite Form durch die Kolonisation des Landes in der zweiten Hälfte des 18. Jahrhunderts entstanden, die eine ausschlaggebende Rolle bei der Erhaltung mündlich tradierter Märchen spielt, nämlich die Schriftlichkeit. Seitdem die Kolonialherren, die Franzosen, ihre Sprache in der Kolonialzeit in Benin zwangsläufig eingeführt haben, begann das schriftliche Festhalten der beninischen Märchen in Fremdsprachen, d.h. in französischer Sprache. Den Anstoß dafür gab der Franzose René Trautmann, der als Mediziner in der französischen Armee der Kolonialzeit in Dahomey (heute Republik Benin) war. Er veröffentlichte 1928 den ersten Sammelband „*La Littérature Populaire à la Côte des Esclaves*" über Märchen aus Benin, der Erzählungen der Fon, aber auch anderer Ethnien aus dem Süden Benins umfasst. In den fünfziger, sechziger und achtziger Jahren traten einige beninische Schriftsteller und Literaturwissenschaftler in seine Fußstapfen. Nennenswert sind hier die Sammlungen *Le pacte de sang au Dahomey* (1938) von Paul Hazoumè, *Les noix sacrées* (1936) von Julien Alapini, *Au pays des Fons: us et coutumes au Dahomey* von Maximilien Quenum, *La fille têtue* von Jean Pliya. Ab 2000 sind neue Märchensammlungen in der beninischen Märchenliteratur erschienen, darunter *DO MASSE: Contes fons du Bénin* (2002) und *Le forgeron magicien* (2007) von Christine Adjahi Gnimagnon, *Contes du Bénin: L'oracle du hibou* (2004) von Dominique Aguessy, *Contes et légendes du Bénin* (2005) von Israel Mensah, *Les épouses du Fà: récits de la parole sacrée du Bénin* (2008) von Mahougnon

Kakpo, *Zinza et Zinhoué, les soeurs jumelles: contes fon du Bénin* (2008) von Raouf Mama und *Les contes qui volent et virevoltent* (2012: 1. Auflage und 2014: Zweite durchgesehene Auflage) von Mensah Wekenon Tokponto usw. In deutscher Sprache dürfen die Sammlungen *Mein Märchen springt hin und her* (2003 und 2008) und *Fliegende Märchen: Volksmärchen aus Benin* jeweils von Mensah Wekenon Tokponto und Mensah Wekenon Tokponto/Adelheid Hahmann nicht unerwähnt bleiben.

Fast alle diese Autoren haben ihre Werke auf Sammlungen konzentriert, die die Märchen aus dem Süden und Zentrum Benins enthalten. Die Märchen aus dem Band « Der Regenwurm und sein Onkel » sollen in der beninischen Märchenliteratur als jene angesehen werden, die eine flächendeckende Sammlung aus Benin darstellen, denn der Band beinhaltet Erzählungen aus diversen Volksgruppen und aus fast allen Ecken des Landes.

Wenn die beninische Märchenliteratur über eine Fülle von Märchensammlungen verfügt, so bleibt auf wissenschaftlicher Ebene noch jede Menge Arbeit zu tun, da sich die wissenschaftliche und analytische Auseinandersetzung mit den Märchen in Benin noch in ihrer Anfangsphase befindet. *Le lièvre et l´araignée dans les contes de l´Ouest africain* von Colardelle Diarrassouba und *La mère dévorante* von Denise Paulme bieten jeweils eine wissenschaftliche Untersuchung der Figuren der Spinne und des Hasen in den westafrikanischen bzw. beninischen Märchen und eine Typologie derselben Erzählungen an und sie gelten somit als Pionierarbeiten in dem Erzählforschungsbereich in Westafrika. Rein wissenschaftliche Forschungsarbeiten über beninische Märchen begannen mit der Dissertation zum Thema *Deutsch-beninische Märchenforschung am Beispiel von Märchen in der Fon-Sprache mit phonetischer Transkription, Studie und Darstellung der Hauptfiguren und Themenvergleich* von Mensah Wekenon Tokponto (Peter Lang, Frankfurt am Main, 2003) gefolgt von einigen unveröffentlichten Magisterarbeiten (Maîtrise-Arbeiten), die hier an der Deutschabteilung der philosophischen Fakultät der Université d´Abomey-Calavi von Studenten abgefasst worden sind, zu denen die folgenden zählen: *Motivforschung in der deutsch-beninischen Märchenliteratur anhand von Aizo-und Grimms Märchen* (2006) von Germain Sinseingnon Sagbo, *Das Frauenbild in deutschen und beninischen Märchen am Beispiel von Grimms und Maxi-Märchen* (2010) von Sourou Dieudonné Aglèwé, *Das Bild der Stiefmutter und ihre Beziehungen zu den anderen Figuren in Grimm-und Fonmärchen* (2012) von Jupiter Sèwanou Martial Lanmadoussèlo, *Eine vergleichende Studie zum Kinderbild im Märchen am Beispiel von Märchen der Brüder Grimm und der Fons aus Benin* (2012) von Romeo Romaric Kolégbé.

Die Dissertation von Sinseingnon Germain Sagbo zum Thema *Tradition und Entwicklungsprozesse in Benin* (Peter Lang, Frankfurt am Main, 2012) enthält einerseits eine Sammlung von mündlich überlieferten Märchen und andererseits Sagen des Aizo-Volkes, die auch zu den Volkserzählungen Benins gehören. Hier fokussiert der Autor seine Analyse nicht grundlegend auf die internationale vergleichende Märchenforschung. Er zeigt in einer kulturanthropologischen Untersuchung und anhand konkreter Beispiele aus den Märchen und Sagen seiner Ethnie und aus dem Alltag eher die sozio-kulturellen Aspekte und zwar Riten, Alltagsbräuche und insbesondere die religiösen Praxen, die in Benin kursieren, auf und hebt dabei ihre positiven und negativen Auswirkungen auf die Entwicklung des Landes hervor. 2011 erschien das Buch *Morphologie et fonctionnalité du conte africain* von Bernadin H. Kpogodo, in dem der Autor sich wissenschaftlich mit der Morphologie, den Strukturen und Zielsetzungen der afrikanischen Märchen auseinandersetzt, wobei er sich meistens auf die beninischen Märchen konzentriert.

Ich glaube, dass die wissenschaftliche Forschung über beninische bzw. westafrikanische Märchen noch vertieft werden muss, da der orale Charakter der Märchen in Westafrika viel Rohstoff für die internationale vergleichende Märchenforschung anzubieten hat.

Literaturverzeichnis

Adjahi Gnimagnon, Christine: Do Massé: Contes fons du Bénin, Paris 2002.

Adjahi Gnimagnon, Christine: Le forgeron magicien. Paris 2008.

Agléwé, Sourou Dieudonné: Das Frauenbild in deutschen und beninischen Märchen am Beispiel von Grimms und Maxi-Märchen (Magisterarbeit). Université d'Abomey-Calavi, Godomey/ Benin 2010.

Aguessy, Dominique : Contes du Bénin : L´oracle du hibou. Paris 2004.

Alapini, Julien: Les noix sacrées. Oxford: Clarendon Press 1936.

Diarrassouba, Colardelle: Le lièvre et l´araignée dans les contes de l´Ouest africain. Paris 1975.

Hazoumé, Paul: Le pacte de sang au Dahomey. Paris 1937.

Hildebrandt, Ernst: Gesellschaftlicher Wandlungsprozess in Afrika 1. In: Formationen zur politischen Bildung, Bonn 2001.

Kakpo, Mahougnon: Les épouses du Fà: récits de la parole sacrée du Bénin. Paris 2007.

Kolégbé, Romeo Romaric: Eine vergleichende Studie zum Kinderbild im Märchen am Beispiel von Märchen der Brüder Grimm und der Fons aus Benin (Magisterarbeit). Université d'Abomey-Calavi, Godomey/ Benin 2012.

Kpogodo, Bernadin H.: Morphologie et fonctionnalité du conte africain. Plumes Soleil. Cotonou 2011.

Lanmadoussèlo, Jupiter Sèwanou Martial: Das Bild der Stiefmutter und ihre Beziehungen zu den anderen Figuren in Grimm-und Fonmärchen (Magisterarbeit). Université d'Abomey-Calavi, Godomey/ Benin 2012.

Lundt, Bea: Rezension Sinseingnon Germain Sagbo: Tradition und Entwicklungsprozesse in Benin (2012). In: Zeitschrift für Geschichtswissenschaft (ZfG), Berlin Heft 6 (2014), S. 548-549.

Mama, Raouf: Zinza et Zinhoue, les soeurs jumelles: contes fon du Bénin, l'Harmattan. Paris 2008.

Mensah, Israel: Contes et légendes du Bénin. Paris 2005.

Paulme, Denise: La mère dévorante. Paris 1986.

Pliya, Jean: La fille têtue. Paris 1982.

Quenum, Maximilien: Au pays des Fons: us et coutumes au Dahomey. Paris 1999.

Sagbo, Sinseingnon Germain: Motivforschung in der deutsch-beninischen Märchenliteratur anhand von Aizo-und Grimms Märchen (Magisterarbeit). Université d'Abomey-Calavi, Godo-mey/ Benin 2006.

Sagbo, Sinseingnon Germain: Tradition und Entwicklungsprozesse in Benin (Dissertationsschrift). Frankfurt/M. 2012.
Trautmann, René: La Littérature Populaire à la Côte des Esclaves. Paris 1928.

Wekenon Tokponto, Mensah: Deutsch-beninische Märchenforschung am Beispiel von Märchen in der Fon-Sprache mit phonetischer Transkription, Studie und Darstellung der Hauptfiguren und Themenvergleich (Dissertationsschrift). Frankfurt/ M. 2003.

Wekenon Tokponto, Mensah: Mein Märchen springt hin und her. 2.Auflage, Tübingen 2008.

Wekenon Tokponto, Mensah/ Hahmann, Adelheid: Fliegende Märchen: Volksmärchen aus Benin. Halle 2005.

Wekenon Tokponto, Mensah: Les contes qui voltent et virevoltent: Contes populaires du Bénin (1ere Edition). Presses scolaires et universitaires du Bénin. Cotonou 2012.

Wekenon Tokponto, Mensah: Les contes qui voltent et virevoltent: Contes populaires du Bénin (Edition revue, corrigée et préfacée). Presses scolaires et universitaires du Bénin. Cotonou 2014.

Märchensammlung

1. Der Regenwurm und sein Onkel (Fon)

Mein Märchen springt hin und her und setzt sich endlich auf einen Regenwurm und seinen Onkel.

In jenen Zeiten, da unsere Urahnen noch lebten, da wohnte in einem weit entfernten, verborgenen Wald auch ein Regenwurm; der hieß Dohon. Der Regenwurm hatte einen Onkel, einen Schmied, der für alle Tiere kunstvolle Skelette anfertigte. Er war so berühmt, dass sein Ruf weit übers Dorf hinausgetragen wurde. So zogen alle Tiere aus dem Busch zu diesem Schmied: der Elefant, der Löwe, das Nashorn, der Fuchs, der Hase, die Antilope, ja sogar die Schlange, die Gazelle und die Schildkröte. Alle, alle kamen zu ihm, um ihr Skelett zu bestellen. Nur der Regenwurm ging nicht hin. Darüber wunderten sich die anderen Tiere. Eines Tages rief der Löwe alle Tiere zu einer großen Versammlung unter einem riesigen Affenbrotbaum zusammen, und alle kamen: auch der Regenwurm.

Der Löwe und der Hase ergriffen das Wort: „Verehrter Herr Regenwurm, dein Onkel ist der Schmied, und er hat uns alle mit wunderbaren Knochen versehen, und so können wir uns geschmeidig bewegen und gut laufen. Warum willst du denn keine Knochen, ja ein ganzes Skelett bei ihm bestellen?“ Höhnisch entgegnete der Regenwurm: „Ihr, Herr Löwe, und Ihr, Herr Hase, und auch die anderen, Ihr wisst doch, dass dieser Schmied mein Onkel ist! Er lebt gewiss noch sehr lange, und ich muss mich nicht beeilen, um ein Skelett von ihm zu bekommen.“ Diese hochmütige Antwort empörte die anderen Tiere sehr, und so wurde die Versammlung abgebrochen, und die Tiere gingen ihres Weges.

Aber die Zeit verging, und der Schmied wurde immer älter und mit dem Alter auch schwächer. Eines Tages wurde der berühmte Schmied von einer unbekannten Krankheit hinweggerafft und starb ganz plötzlich. Alle Tiere trauerten um ihn, und sie beschlossen, sich gleich zu dem Regenwurm zu begeben, um ihm ihr tiefes Beileid auszusprechen. Als sie beim Regenwurm ankamen, lag er verzweifelt am Boden und trauerte um seinen geliebten Onkel. Der Löwe und der Hase, die die Tiere anführten, sprachen: „Herr Regenwurm, unser herzlichstes Beileid sprechen wir dir im Namen aller Tiere aus.“ Der Regenwurm dankte, dass so viele Tiere gekommen waren. Die blieben auch noch eine Weile bei ihm und trauerten mit ihm zusammen um den Onkel. Schließlich verabschiedeten sie sich und liefen und sprangen von dannen.

Wenige Tage später, nachdem der berühmte Schmied begraben worden war, besuchten der Löwe und der Hase den Regenwurm noch einmal und fragten ihn: „Herr Regenwurm, wann willst du nun dein Skelett bestellen?“ Darauf gab der Regenwurm ihnen keine Antwort. Er fiel vor den Augen des Löwen und des Hasen zu Boden und fing an, auf dem Boden voranzukriechen. Er kroch weiter und weiter und kroch schließlich in den Wald hinein, und dort verschwand er.

So geschah es, dass alle Tiere des Buschs ihr Skelett bekamen, nur der Regenwurm hat bis heute keines und kann nicht laufen, springen oder sich um einen Baum winden, sondern muss auf dem Boden kriechen.

Deshalb sagt man: Was du heute kannst besorgen, das verschiebe nicht auf morgen.

2. Der Hahn und sein Onkel (Fon)

Mein Märchen springt hin und her und setzt sich endlich auf einen Hahn und seinen Onkel.

In den Zeiten der Urahnen lebten alle Tiere friedlich miteinander in einem weit entfernten Dorf zusammen. Diese Tiere waren anfangs alle zahnlos, und die Menschen spotteten gerne über sie. Unweit von ihrem Dorf lebte ein Schmied namens Flenon, der Onkel des Hahnes.

Eines Tages ließ der Schmied alle Bewohner des Dorfes, nämlich die Tiere, zu sich rufen, und wie alle kamen, sprach er: „Dass ihr alle schon seit eh und je zahnlos seid, gefällt mir überhaupt nicht. Gugbadagli[1] hat mir die Gabe des Schmiedens geschenkt, und ich habe nun beschlossen, euch alle ab morgen mit Zähnen zu versehen."

Die Tiere freuten sich sehr über diese außergewöhnliche Nachricht. Im Gesicht des Elefanten, des Löwen, des Eichhörnchens, der Schlangen, des Hasen, des Hundes, der Kuh, des Schafes, der Ziegen, der Affen, des Nashorns, des Hahnes und aller anderen Tiere war diese Freude deutlich abzulesen, und sie warteten alle schon sehnsüchtig darauf. Am nächsten Tag standen die Tiere sehr früh auf und machten sich auf den Weg zum Onkel des Hahnes, dem Schmied.

Dort angekommen stellten sie sich vor seiner Werkstatt, die sich neben seiner Hütte befand, auf und hatten es eilig, ihre Zähne zu bekommen. Unter ihnen war nur der Hahn nicht zu sehen, und darüber wunderten sich alle anderen Tiere, die sich fragten, wo der Hahn denn geblieben sei. Nachdem der Schmied alle seine Werkzeuge gerichtet hatte, durften die Tiere abwechselnd in die Werkstatt eintreten, um mit Zähnen ausgestattet zu werden. Der Elefant, der die lange Schlange anführte, kam als erster in die Werkstatt und

---

[1] Gugbadagli: Symbolisiert in dem komischen Universum der Volksgruppe Fon in Benin die Gottheit des Eisens.

da er ganz besondere Zähne benötigte, dauerte es eine Weile, bis der Schmied ihm seine Zähne hergestellt und eingesetzt hatte. Dieser kam hocherfreut aus der Schmiede heraus und zeigte seine ganz neuen weißen Stoßzähne. Die anderen Tiere betrachteten die Zähne des Elefanten und begannen, sich unter die zu drängen, die noch warten mussten, bis sie an die Reihe kamen. Unterdessen wartete der fröhliche Elefant auf sie unter einem riesigen Affenbrotbaum, der in der Nähe stand. Als der Schmied anschließend nach dem Nashorn rief, das nun die Werkstatt betreten sollte, um seine Zähne zu bekommen, war der Löwe außer sich, da er als der König aller Tiere nicht verstehen konnte, warum der Schmied ihn noch so lange warten ließ. „Geduld sollst du zeigen“, erklärte ihm aber der Schmied, der, nachdem er das Nashorn bedient hatte, abwechselnd die Ziege, den Affen, das Eichhörnchen, die Schlange, den Hund, die Kuh und das Schaf noch versorgt hatte, bevor der Löwe, der schon die ganze Zeit brüllte, an die Reihe kam und seine Zähne erhielt. Als er aus der Schmiede herauskam, schüttelte er seine Mähne, und freudestrahlend machte er ein paar Sprünge in die Luft und ging zu den anderen Tieren, die bereits bedient worden waren und sich bei dem Elefanten unter dem Baum versammelt hatten. Dort machte er laufend sein Maul breit auf und zeigte seinen Artgenossen die schön geschmiedeten Zähne, die er soeben bekommen hatte.

Als nun der Hase, ein enger Freund des Hahnes, als letzter an die Reihe kam und seine Zähne eingesetzt bekommen hatte, sprang er blitzschnell heraus, richtete sehr erfreut seine beiden Ohren in die Luft und kam auch zu den anderen Tieren unter dem Baum. Gemeinsam bedankten sich alle herzlich beim Schmied. Daraufhin wollten sie sich von ihm verabschieden; aber der Hase, der die Abwesenheit des Hahnes nicht verstehen konnte, sprach: „Ich laufe schnell nach Hause und hole den Hahn, meinen Freund, damit er wie wir gleich seine Zähne bekommt.“

Die anderen Tiere stimmten seinem Vorschlag zu und versprachen, auf ihn zu warten. Der Hase lief zum Hahn ins Dorf. Dort traf er den Hahn, begleitet von einer Schar von Hennen, Küken und anderen Vögeln, und sie scharrten unbesorgt auf einem Misthaufen. Da sprach er zu ihm: „Lieber Hahn, willst du dir keine Zähne herstellen lassen? Wir sind alle heute Morgen vom Schmied, deinem Onkel, mit Zähnen ausgestattet worden. Ich tue mein Maul auf, damit du siehst, wie schön die neuen Zähne sind.“

Der Hahn betrachtete die Zähne und antwortete: „Du, lieber Hase, weißt, wie auch die anderen Tiere, dass Flenon, der Schmied des Dorfes, mein Onkel ist, und so lange er noch am Leben ist, lasse ich mir meine Zähne erst herstellen, wann ich möchte.“ Der Hase aber, der den Hahn sehr lieb hatte, riet ihm: „Tu das doch jetzt!“ „Nein!“, entgegnete der Hahn überheblich und sprach: „Zeit dafür habe ich noch genug.“ Da nahm der Hase Abschied von seinem Freund und eilte zu den anderen Tieren, denen er von der Sturheit des Hahnes erzählte. Diese waren sehr erstaunt darüber und sagten dem Hasen, er solle sich nicht verrückt machen lassen. Darauf gingen sie in den Busch, jeder in seine Richtung, um mit ihren Zähnen etwas zu beißen. Als sie am Abend nach Hause kamen, sah der verstockte Hahn die Tiere, die ihm sehr fröhlich ihre Zähne gezeigt hatten.

Eines Tages entschied er sich dazu, sich zu seinem Onkel, dem Schmied zu begeben, um seine Zähne zu bestellen. Da erfuhr er, dass der berühmte Zahnhersteller schwer krank war, und bis er zu ihm kam, war der Schmied schon gestorben und das ganze Dorf trauerte um ihn. Der Hahn kehrte sehr niedergeschlagen heim, ohne seine Zähne erhalten zu haben.

So trug es sich zu, dass alle Tiere ihre Zähne bekommen hatten, während der Hahn und die Vögel bis heute zahnlos geblieben sind.

Deshalb sagt man: Man soll das Eisen schmieden, solange es noch heiß ist.

3. Das eigensinnige Mädchen (Fon)

Mein Märchen springt hin und her und setzt sich endlich auf ein eigensinniges Mädchen.

Vor Urzeiten lebte in einem weit entfernten Dorf ein sehr hübsches aber auch sehr eigensinniges Mädchen. Das Mädchen hieß Dogbe und war das allerschönste im ganzen Dorf. Ihre Schönheit verdrehte vielen jungen Männern den Kopf. Als Dogbe erwachsen war, wollte sie heiraten. Zahlreiche junge Männer hielten um ihre Hand an. Aber Dogbe lehnte jede Bewerbung ab. Eines Tages ging sie zu einem Markt, um einzukaufen und dieser Markt war in einer abgelegenen Gegend. Auf dem Rückweg begegnete ihr ein sehr schöner junger Mann. Sie verliebte sich unsterblich in ihn und wollte ihn auf der Stelle heiraten. Sie bat den jungen Mann, auf sie zu warten, lief geschwind nach Hause und erzählte ihren Eltern von dem jungen Mann. Erstaunt über alle Maßen, da Dogbe ja alle anderen Männer abgewiesen hatte, sagten diese: „Dogbe, liebe Tochter, so viele junge Männer aus unserem Dorf wollten dich heiraten. Und nun erzählst du uns, dass du dich in einen jungen Mann verliebt hast, den wir nicht einmal kennen. Heirate doch besser einen Mann aus unserem Dorf!" „Nein, ich habe meine Entscheidung getroffen, und ich bleibe dabei", entgegnete die eigensinnige Dogbe und lief zu ihrem jungen Geliebten zurück. Der hatte wirklich auf sie am Wege gewartet, denn Dogbe war sehr schön. Sie wollte unbedingt am gleichen Tag zusammen mit ihm das Dorf des jungen Mannes erreichen. Fröhlich machten sich die beiden Verliebten auf den Weg.

Nachdem sie lange gewandert waren, hielt plötzlich der junge Mann inne und sprach: „Dogbe, geh in dein Dorf zurück, denn ich möchte erst in meinem Dorf Bescheid geben. Die Meinen wissen nicht, dass du kommst. Wir werden uns dann wieder treffen." Bei diesen Worten erschrak Dogbe sehr und erwiderte: „Nein, ich kehre nicht in mein Dorf zurück, ich liebe dich, und ich gehe dorthin, wohin du gehst."

So liefen sie weiter und weiter und hatten schon eine ganze Strecke zurückgelegt, als der junge Mann erneut stehen blieb und zu Dogbe sagte: „Dogbe, ich sage dir, es ist besser, wenn du zuerst in dein Dorf zurückgehst, und wir treffen uns ein anderes Mal.“
„Nein!“, widersetzte sich Dogbe, „Ich gehe mit dir, denn ich gehöre dorthin, wo du bist.“

Der junge Mann war ratlos, verweilte noch einen Augenblick, ging dann weiter und Dogbe folgte ihm. Wieder liefen sie eine lange Zeit, als der junge Mann zum dritten Mal stehen blieb und zu Dogbe sprach: „Ich meine es ernst, Dogbe, geh doch zuerst in dein Dorf zurück. Später werden wir uns treffen.“ Wieder hörte Dogbe nicht auf ihren Bräutigam und entgegnete trotzig: „Nein, ich gehe mit dir in dein Dorf, und wir werden dort zusammen leben.“Was sollte der junge Mann machen!? In seiner Ratlosigkeit stimmte er ein Lied an:

„O lè káká yi mó ánówé dó xwé, átílító
Ò lè káká yí mó ánówé dó xwé, àtílítò
Awá má dó mèwú tó mé wè mí xwè, átílító
Zákété má dó méwú tó mè wè mí xwè , átílító
Ò tà má dó mèwú tó mè wè mí xwè, átílító
Ò lè káká mó ánówé dó xwé, àtílító„

Dogbe aber kümmerte sich nicht um das Lied, denn hätte sie zugehört, hätte sie Folgendes vernommen:

„Dogbe, geh zu deiner Mutter in dein Dorf zurück,
du bist eigensinnig.
Dogbe, geh zuerst zu deiner Mutter in dein Dorf zurück,
du bist zu eigensinnig.
Du willst in mein Dorf gehen, wo die Menschen keine Arme haben,
du bist eigensinnig.
Du willst nun in mein Dorf gehen, wo die Menschen keine Beine haben,
du bist eigensinnig.

Du willst in mein Dorf gehen, wo die Menschen keinen Kopf haben, du bist eigensinnig.
Dogbe, geh zu deiner Mutter in dein Dorf zurück,
du bist zu eigensinnig.“

Aber Dogbe tat, als hätte sie das Lied gar nicht gehört und beharrte weiter darauf, ihrem jungen Mann in sein Dorf zu folgen. So gingen sie den Weg weiter und weiter und weiter.

Auf einmal sprang aus dem Busch ein seltsames Wesen hervor, stellte sich dem jungen Mann in den Weg und forderte: „Gib mir meine Arme zurück, die ich dir vorgestern ausgeliehen habe, bevor du diese Reise angetreten hast!“ Und vor Dogbes Augen gab der junge Mann seine beiden Arme an das seltsame Wesen zurück und stand nun ohne Arme da. „Dogbe“, fragte der armlose junge Mann, „möchtest du einen Mann ohne Arme heiraten?“- „Ja!“, antwortete das eigensinnige Mädchen, und sie gingen weiter auf ihrem Weg. Lange waren sie noch nicht gewandert, da stellte sich ihnen ein anderes seltsames Wesen in den Weg: „Ich fordere meine Beine zurück! Ich habe sie dir vor deiner Reise nur ausgeliehen. Das war vorgestern!“ Da musste der junge Mann auch seine Beine zurückgeben und war nun ohne Beine. „Dogbe, willst du einen armlosen und beinlosen Mann heiraten?“, fragte der junge Mann. „Ja, ich heirate dich!“, erwiderte das eigensinnige Mädchen.

Weil der junge Mann nun keine Beine mehr hatte, lag er auf dem Boden und fing an, wie ein Ball auf dem Weg entlang zu rollen. Er rollte hin und er rollte her und Dogbe lief immer hinter ihm drein, immer dem Dorf zu. Da hielt der junge Mann es nicht länger aus und bat Dogbe: „Sieh doch, was aus mir geworden ist! Geh in dein Dorf zurück! Du kannst doch keinen Mann ohne Arme und ohne Beine heiraten!“ Dogbe aber beharrte: „Doch, doch, ich heirate dich, und deshalb gehe ich dorthin, wo du hingehst.“

Und der junge Mann rollte und rollte weiter auf dem Weg in sein Dorf und Dogbe folgte ihm. Wieder tauchte ein seltsames Wesen aus dem Busch auf und rief dem jungen Mann zu: „Gib mir meinen Kopf zurück! Ich habe ihn dir vorgestern für deine Reise ausgeliehen!“ Als das Wesen seinen Kopf zurückbekommen hatte, bestand der Bräutigam nur noch aus seinem Rumpf, und dieser Rumpf rollte auf dem Boden hin und her und konnte doch noch sprechen und Dogbe fragen:„Willst du einen armlosen, beinlosen und kopflosen Mann heiraten, Dogbe?“- „Ja, und ich heirate dich doch!“, antwortete Dogbe.

Nun erreichten sie endlich das Dorf des jungen Mannes. Und was gab es da für Dogbe zu sehen? Alle Wesen, die aus ihren Hütten herauskamen, waren armlos, beinlos und kopflos. Ihre Rümpfe rollten auf dem Boden hin und her und hin und her. Dogbe bekam große Angst. Sie wollte fliehen, da kam ein Ungeheuer aus seiner Hütte. Es besaß sogar einen Kopf, bewegte sich auf Dogbe zu und knurrte: „Was suchst du hier in unserem Dorf? Ich fresse dich auf der Stelle auf!“ Schon wollte es sich auf Dogbe stürzen, als ein Jäger aus seinem Versteck beim Dorf hervorstürzte. Er packte Dogbe am Arm, lief schnell mit ihr davon und brachte sie nach Hause zu ihren Eltern.

So trug es sich zu, dass Dogbe, das eigensinnige Mädchen, aus der Macht der Dobligodo, der Wesen ohne Arme, Beine und Kopf befreit wurde.

Deshalb: Man soll auf seine Eltern hören!

4. Der Hirsch und der Tiger (Fon)

Mein Märchen springt hin und her und setzt sich endlich auf einen Hirsch und einen Tiger.

Es lebte in den Urzeiten ein junger Hirsch in einem versteckten, weit entfernten und tiefen Wald. Dort ernährte er sich von Gras.

Eines Tages fraß der kleine Hirsch in aller Ruhe grünes Gras auf einem schönen kleinen Hügel, als plötzlich ein Tiger erschien. Da überkam den Hirsch eine große Angst, aber leider gab es für ihn keinen Ausweg und er dachte, dieser wilde Jäger würde ihm gleich den Garaus machen. So geriet er in eine tiefe Verzweiflung, denn es bestand für ihn keine Möglichkeit sich zu retten. Da versuchte er, den Tiger von seinem Ziel abzubringen, indem er plötzlich ein Lied anstimmte:

"Todokpo nondokpo we jimi swe,
todokpo nondokpo we jimi swe.
Bo je so yen so sa do adja tome, swe,
bo so hwe so sa do ayo tome swe.
Nu wa yon nu hwe bo a na somi du swe,
ma bolo mo gbede o o me swe.
Novi we nu mi o hwe mon a ce swe."

Das heißt:

„Wir stammen von demselben Vater und derselben Mutter
Ich bin in Adja verkauft worden und du in Ayo.
Nun lebst du besser als ich und du bist stärker und willst mich nun fressen.
Tu das niemals, denn wir sind Brüder."

Mit diesem Lied gab sich der Hirsch Mut und schöpfte neue Hoffnung, denn er ließ den Tiger glauben, dass er und die Hirsche

Brüder seien und derselben Tierfamilie angehörten. Gleichzeitig dachte er sich noch eine List aus, um den ausgehungerten Tiger hereinzulegen. Er dachte, der Tiger hätte sein ganzes Leben noch nie einen Hirsch gesehen und tat, als hätte er die Anwesenheit des Tigers auf dem Hügel nicht bemerkt und fraß das grüne Gras unbesorgt weiter. Erstaunt über die Maßen sagte der Tiger zu sich: „Warum rettet sich denn dieses seltsame Tier nicht? Ich werde mich gleich auf es stürzen und es auffressen." So kam er dem Hirsch immer näher und fragte ihn freundlich: „Sag mir, lieber Hirsch, wozu dienen die Hörner, die du auf dem Kopf trägst?" Allen Erwartungen zum Trotz gab der junge Hirsch eine abschreckende Antwort: „Ich trage die Hörner, um damit die Tiger zu zerreißen, die mir im Weg stehen." Der mächtige Tiger, der sich durch diese Antwort nicht abschrecken ließ, fragte weiter: „Warum hast du wie die anderen Hirsche auf Erden diese weißen Farbflecke auf dem Rücken und an den Seiten?" Da erwiderte der kleine Hirsch: „Jedes Mal, wenn ich einen Tiger fresse, kommt noch ein weißer Farbfleck zu den vorherigen hinzu. Und ich habe schon so viele Tiger gefressen, dass ich alle Farbflecke gar nicht mehr zählen kann." Als der mächtige Tiger diese Worte hörte, geriet er in eine große Panik. Er fürchtete, auf der Stelle von dem angeblich nach Tigerfleisch hungrigen Hirsch gefressen zu werden. Er lief davon, so schnell wie er konnte, ohne ein weiteres Wort zu sagen.

So musste der kleine Hirsch nicht mehr um sein Leben fürchten. Lächelnd fraß er in aller Ruhe das Gras weiter, hocherfreut über seine gelungene List.

Deshalb gilt: Man soll einem jeden seinen Platz gönnen, egal wie stark und mächtig man sein mag.

5. Der merkwürdige Schwiegervater (Fon)

Mein Märchen springt hin und her und setzt sich endlich auf einen merkwürdigen Schwiegervater.

Es lebte in den Urzeiten in einem weit entfernten Dorf Ayaba ein Mädchen, dessen außergewöhnliche Schönheit allen jungen Männern des Dorfes den Kopf verdrehte. Die Tage vergingen, und die Anzahl der Bewerber, die um ihre Hand anhielten, nahm stetig zu. Als sich der Vater schließlich dazu entschied, seine Tochter zu verheiraten, forderte er eine so hohe Mitgift, dass ein Bewerber nach dem anderen auf sein Werben verzichten musste. Denn die Mitgift war nicht alles, was ihr Vater verlangte. Außerdem musste der zukünftige Schwiegersohn auf den höchsten Kolanussbaum des Dorfes klettern und dann herunter springen, ohne dabei ums Leben zu kommen. Diese Bedingungen waren so überzogen, dass keiner den Mut hatte, diese Prüfung auf sich zu nehmen.

Es befand sich jedoch unter den Bewerbern ein Mann, dessen Kühnheit einmalig war. Ohne zu zögern, zahlte er die Mitgift, kletterte auf den Baum und sprang zur allgemeinen Verwunderung wohlbehalten und unversehrt zu Füßen des Baumes. So nahm er das Mädchen zur Frau, und das frisch verheiratete Ehepaar ließ sich in einem schönen Haus im Dorf nieder. Es dauerte aber nicht lange, so musste die junge Ehefrau alle drei Tage ihren Vater aufsuchen, um ihm Essen zu kochen. Das unaufhaltsame Gehen und Kommen und Kommen und Gehen konnte der junge Schwiegersohn nicht aushalten. So sprach er eines Tages zu seinem Schwiegervater: „So sehr ich meine Frau liebe, kann ich diese Umstände nicht länger ertragen. Nehmen Sie Ihre Tochter zum Tausch gegen meine Mitgift zurück!“

Allen Erwartungen zum Trotz willigte der Schwiegervater ein, und am festgesetzten Tag gab er unter Augen der versammelten Dorfbewohner die Mitgift zurück. Nun schickte er sich an, mit seiner Tochter an der Seite heimzukehren. Aber sein Schwiegersohn war mit ihm noch lange nicht fertig und rief ihm zu: „Schwiegerva-

ter, Schwiegervater, Sie vergessen, dass Sie an mich eine Bedingung gestellt haben, die Sie ebenso erfüllen müssen.
Sie müssen auch auf den höchsten Nussbaum klettern und herunter springen."

Total verwirrt sah sich der Schwiegervater in die Pflicht genommen, diese Prüfung auf sich zu nehmen. Die ganze Dorfgemeinschaft versuchte, sich für ihn einzusetzen. Es war alles vergeblich, denn der Schwiegersohn beharrte auf seiner Forderung. Und nun mussten die Dorfbewohner mit angehaltenem Atem dem Aufstieg des alten Mannes folgen.

Mit großer Mühe erklomm er den Wipfel des Baumes, warf sich in die Luft und stürzte tot auf die Erde. Alsbald wurde er begraben, und der Schwiegersohn nahm seine Frau und seine wohlverdiente Mitgift nach Hause zurück.

Deshalb sagt man: Wer zu viel verlangt, verliert schließlich alles.

6. Wie der Hase seine langen Ohren behielt (Fon)

Mein Märchen rollt, rollt und setzt sich schließlich auf den Hasen.

Zu jener Zeit herrschte eine große Trockenheit. Im Dorf der Tiere trocknete eine Wasserquelle nach der anderen aus und die Brunnen fielen ein. Diese Umstände machten dem Löwen so große Sorgen, dass der König der Tiere all seine Untertanen zu einer großen Versammlung auf dem Dorfplatz einlud. Alle Tiere kamen zu diesem wichtigen Treffen, und ohne lange zu zögern, vergegenwärtigte der Löwenkönig den Anwesenden, welch ernsthaftes Problem ihnen das lange Ausbleiben des Regens machte. Er schloss mit den Worten, dass so schnell wie möglich eine Lösung zu finden sei, da sie sonst bald alle dazu verurteilt seien, ihren eigenen Speichel zu schlucken, um den Durst zu stillen. Die Anwesenden diskutierten eine Weile und kurz darauf ergriff der Löwenkönig das Wort: „Meine lieben Freunde, aus unserer Diskussion geht hervor, dass es nur eine einzige Lösung unseres Problems gibt: den Bau eines ausreichend tiefen Brunnens, um jederzeit Wasser vorrätig zu haben. Jedoch haben wir nicht die nötigen Mittel, um ein solches Vorhaben ins Werk zu setzen. Deshalb habe ich beschlossen, dass jeder von uns ein Stück seiner Ohren hergibt und wir sie zum Kauf anbieten. Das gesammelte Vermögen wird es uns erlauben, den Brunnenbauer zu bezahlen."

Und um den Worten Taten folgen zu lassen, schnitt der Löwe sogleich ein Stück seiner Ohren ab und warf es in den Kreis der Versammlung. So taten es auch der Elefant, das Schwein, das Schaf, die Hyäne und der Hahn - alle Tiere des Dorfes gaben so ein Stück ihrer Ohren. Alle außer dem Hasen. Dieser befand seine langen Ohren für zu schön, um sie dafür zu opfern. Als er das kundgetan hatte, floh er und schwor sich, dass keiner jemals seine Ohren anrühren werde.

Man ließ seine Worte den Löwenkönig wissen, der dem Hasen eine beispielhafte Sanktion auferlegte. Dem Hasen solle das Wasser versagt werden, sobald der Brunnen gegraben sei. Das bedeutete schlicht und einfach das Todesurteil für das Tier mit den langen Ohren. Der Brunnen wurde gegraben und alle Tiere hatten aufs Neue Wasser. Ja alle, auch der Hase. Dieser hatte nämlich eine List gefunden, wie er zu Wasser kommen konnte. Er versteckte sich im Brunnen, und wenn die anderen zum Schöpfen kamen, verschreckte er sie mit großem Lärm. So hatte er nun freies Schalten. Die Tiere unterrichteten den Löwen von diesen ungewohnten Vorkommnissen. Dieser beschloss, dass ein mutiges Tier am Brunnen Wache stehen solle, um den geheimnisvollen Unruhestifter ausfindig zu machen. Der Elefant meldete sich freiwillig und nachdem er lange seine Kraft und Fähigkeit als furchtloser Kämpfer gepriesen hatte, begab er sich zum Brunnen. Plötzlich erschallte ein Ohren betäubender Lärm! Der Elefant vergaß seinen Ruf als unerschrockener Kämpfer und floh im Eiltempo, den Rüssel gesenkt. Er erzählte dem Löwenkönig von seinem Versagen. Dieser schickte sofort das Furcht erregende Wildschwein los, das die Situation aufklären sollte. Aber auch dieses gab seine Wache unter den gleichen Umständen wie der Elefant auf. So ließ der Löwe eine Statue in Auftrag geben, die aus klebrigem Material gefertigt war. Gesagt, getan. Die Statue wurde auf den Brunnenrand gestellt.

Der Hase kam alsbald auf seinen Hinterbeinen angehoppelt. Er wunderte sich über dieses recht ungewöhnliche Etwas und stellte ihm Fragen. Aber er bekam keine Antwort. Erbost verpasste der Hase der Statue eine Ohrfeige mit der rechten Hand. Zu seiner großen Überraschung blieb die Hand an der Statue kleben. Gekränkt ohrfeigte er mit aller Kraft ein zweites Mal, diesmal mit der linken Hand. Mit dem gleichen Ergebnis. Also schlug der Hase mit beiden Beinen auf die Statue ein, die jeweils auch kleben blieben und er konnte sich nicht mehr bewegen.

Kurz darauf kamen alle Tiere zum Brunnen und stellten fest, dass es der Hase war, der sich zuvor noch über sie lustig gemacht hatte. Sofort ergriffen sie ihn und schleppten ihn zum Dorfplatz. Der Löwe bat seine Untertanen, sich über das zukünftige Los des Hasen zu äußern. Die einen schlugen vor, den Unverschämten zu verprügeln, die anderen forderten, ihn schlicht und einfach zu verbrennen. Sich eine List ausdenkend bat der Hase um das Wort und sagte zum Löwen: „Die beste Lösung wäre es, mich zu verbrennen, denn ich erkenne an, dass ich Euch zu sehr gekränkt habe.“ Der Löwe zeigte sich überzeugt und ließ anordnen, einen Scheiterhaufen zu erbauen. Er hieß den Hasen, sich dort hinaufzusetzen. Gesagt, getan. In dem Moment aber, als man das Feuer anzünden wollte, bat der Hase den Löwen, ihm einen Augenblick zu schenken, in dem er sich besinnen und bedauern könne, was er Zeit seines Lebens verbrochen hatte. Der Aufschub wurde ihm zugestanden. Das war ausreichend für den Hasen. Mit rasender Geschwindigkeit machte er sich daran, im Boden eine Grube zu graben und bald entkam er durch einen Tunnel unterhalb des Scheiterhaufens. Er flüchtete also, überquerte Felder, stieß jauchzende Schreie aus und machte sich über die anderen lustig, die immer noch vor dem brennenden Scheiterhaufen warteten. Der Löwe brach in rasende Wut aus, aber der Hase war schon weit entfernt.

Deshalb hat der Hase bis zum heutigen Tage so lange Ohren und gilt trotzdem als das klügste unter allen Tieren.

7. Der gierige Adonoyogbo[2] und Aziza (Fon)

Mein Märchen springt hin und her und setzt sich schließlich auf Yogbo und Aziza.

Zu jener Zeit lebte Yogbo noch bei seiner Mutter. Um ihren Sohn, der im Dorf als Feinschmecker bekannt war, zu ernähren, züchtete die Mutter Yogbo Ziegen. Im kleinen Stall der Familie gab es eine sehr dicke Ziege. Dieses Tier gab Milch und brachte Zicklein zur Welt, die zum Verkauf und auch zur Nahrung dienten, nachdem die Mutter Yogbos sie lange gepflegt hatte. Sie schuftete also und Yogbo aß sich satt. Die Tage vergingen, die Monate auch und Yogbo wurde sichtlich dicker. Trotzdem war der junge Adonoyogbo nicht ganz zufrieden. Die zahlreichen Fleischstücke, die die Mutter jeden Abend in seine Soße legte, waren seinem Geschmack nach nicht fest genug. Tatsächlich sah Yogbo die Ziege schon seit einiger Zeit mit anderen Augen an. „Das feste Fleisch", sagte er sich, „wird wohl besser sein, als diese ganz kleinen Stücke, die meine Mutter mir zu essen gibt, und ich frage mich, warum Mutter mich nicht dieses Fleisch probieren lässt." Adonoyogbo aß also weiter schweigend, empörte und ärgerte sich aber sehr.

Eines Tages schließlich verlor Yogbo jede Geduld und beschloss, die fette Ziege, deren Fülle ihm den letzten Nerv raubte, zu schlachten und zu essen. In jener Nacht schlief er kaum. Am nächsten Tag führte er einen gut vorbereiteten Plan durch: Er gab vor, sehr krank zu sein, stand faul vom Bett auf, cremte den Körper mit Heilöl ein und ging wieder zu Bett, bebend und zitternd vor Kälte. Die Mutter, die wissen wollte, was ihrem Sohn fehlte, fand ihn mit Öl beschmiert, zusammengekrümmt und wohl sehr krank vor. So verging dieser Tag voller Beklemmung für die arme Mutter. Über Nacht machte sie kein Auge zu. Mit Abscheu leerte Yogbo die Schalen Kräutertee, die ihm die Mutter reichte und versank wieder

---

[2] Adonoyogbo: Auch Yo oder Yogbo genannt gilt als eine legendäre Figur in den Fon-Märchen. Er ist bekannt für seine zügellose Gier.

in einer wohl hoffnungslosen Lage. Da sie über die plötzliche Erkrankung ihres Sohnes tief beunruhigt war, beschloss die Mutter Yogbos, bei Tagesanbruch einen Bokonon[3] aufzusuchen.

Sie war jedoch nicht weit in den Wald gegangen, als Yogbo aus seinem Bett sprang, einen abgelegenen Weg nahm und früher beim Weissager ankam als seine Mutter. Er sprach zum Bokonon: „Meine Mutter kommt gleich zu dir, um dich um Hilfe zu bitten, da ich krank bin. Mach dir keine Sorgen! Sag ihr ganz einfach, dass es einer Opferung bedarf und zwar eines ganz bestimmten Opfers: unserer großen, fetten Ziege. Dieses Opfer soll ich, Yogbo, ganz alleine essen!" Gesagt, getan. Als seine Mutter ankam, befand sich Yogbo in einem Versteck und der Weissager befragte sein Orakel. Er sprach zu Mutter Yogbo und nannte ihr die unentbehrliche Opferung und die Bedingungen für deren Vollzug. Die Mutter war sehr entsetzt, denn der Tod dieses Tieres bedeutete auch den Verlust ihrer hauptsächlichen Einnahmequelle. Da sie sich aber große Sorgen um ihr Kind machte, beschloss sie, den Ratschlägen des Bokonon zu folgen. Als sie schließlich wegging, bedankte sich Yogbo beim Weissager für seine Mitarbeit und begab sich sehr schnell wieder in sein Bett. Die Mutter kam bald im Hause an und fand ihren Sohn immer noch leidend. Sie holte das Opfertier heran, weckte ihren Sohn unter großen Mühen auf und machte sich auf den Weg in den Wald, wo die Opferung stattfinden sollte.

Als sie einige Meilen gelaufen waren, gab die Mutter dem Sohn die Ziege, sagte ihm, was er zu tun hatte und ging nach Hause zurück. Endlich ganz alleine und im Besitz der dicken, seit langem begehrten Ziege, machte sich Yogbo daran, einige trockene Hölzer zu sammeln, um das Fleisch zu braten. Während er so suchte, sah

---

[3] Bokonon: ist sowohl im realen Leben als auch in den Fon-Märchen der Orakelpriester. Er bedient sich des Orakels, das er befragt, um die Zukunft vorauszusagen. Traditionell gesehen kennt der Bokonon die Geheimnisse vieler Heilpflanzen und darf nicht mit dem Dorfzauberer oder den Hexen verwechselt werden.

er einen Aziza[4], der im Schatten eines Baumes saß und neben einem Feuer damit beschäftigt war, Palmnüsse zu zerschlagen, um deren Kerne zu verzehren. Nach einiger Zeit wurde sich Aziza der Anwesenheit dieses Eindringlings bewusst. Er ergriff ihn plötzlich bei der Hand: „Yogbo, was machst du denn hier?" Yogbo, der sofort an seine Ziege dachte, die er alleine zurückgelassen hatte und da er sich keinen Zeugen bei seiner Tat wünschte, sprang auf und erwiderte: „Nichts, mein Lieber. Ich lief umher und als ich dich sah, wollte ich dir einen Moment Gesellschaft leisten. Nun muss ich jedoch weiter." Aziza, der überzeugt war, dass Yogbo sehr wohl einen Grund hatte, hier zu sein, hielt ihn zurück. Als dieser die fette Ziege sah, brummte er ein geheimnisvolles Wort und Yogbo fiel in Ohnmacht. Aziza tötete das Tier und fraß es ganz und gar auf.

Kurz darauf kam Yogbo wieder zu sich. Als er bemerkte, dass Aziza die Ziege schon geopfert hatte, wurde er erneut bewusstlos. Aziza wartete, bis Yogbo wieder zu sich kam. Da sagte er ihm, er wolle mit in sein Dorf gehen. Als sie ankamen, ließ Aziza Yogbo und dessen Mutter einschlafen und entleerte alle Töpfe des Hauses. Es wurde schließlich Nacht und Aziza wollte an Ort und Stelle übernachten. Yogbo, der verärgert und rachsüchtig war, wartete, bis das Unglückswesen einschlummerte. Dann schloss er die Tür und setzte die Hütte in Brand. Alles verbrannte, auch Aziza. So büßte Aziza für seine Gier. Adonoyogbo aber verlor durch seine Gefräßigkeit schließlich alles, was er nur mühsam erarbeitet hatte, und auch alles, was er bis dahin besaß.

Deshalb gilt: Der Geiz, die Gier und die maßlose Neugier tun keinem Gutes.

---

[4] Aziza: Ein sehr bekannter bärtiger Geist in den Fon-Märchen. Er verfügt über Fähigkeiten, die Gutes aber auch Böses verursachen konnen, je nachdem, wie man sich ihm gegenüber verhält.

8. Adonoyogbos Streich mit dem Wels (Fon)

Mein Märchen fliegt hin und her und setzt sich schließlich auf Adonoyogbo.

Vor Urzeiten herrschte in einem weit entfernten Dorf eine große Hungersnot, und die Menschen und Tiere fanden nichts zu essen. Vor Hunger ganz schwach dachte sich Adonoyogbo eines Tages einen geschickten Plan aus und begab sich ans Ufer eines Flusses. Sowie er dort ankam, sammelte er hier und da ein paar Palmblätter und ritzte sehr schöne Schnitte, Narben gleich, hinein. Er ließ die verzierten Palmblätter auf der Wasseroberfläche schwimmen. Kurz darauf kam eine Welsmutter vorbeigeschwommen, die sich von diesem Meisterwerk sehr angetan zeigte. Sie bat Yogbo, auch sie mit solch schönen Zeichen zu schmücken, die denen der Palmblätter ähneln sollten. Yogbo ließ sich nicht zweimal bitten. Er tat seine Arbeit so überzeugend, dass die Welsmutter ihn bat, sie nach Hause zu begleiten, um auch ihre Kinder zu schmücken. Adonoyogbo, der immer noch seinen Plan im Kopf hatte, folgte der Wels- Mutter bis zu ihrer Behausung, die auf der anderen Seite des Flusses gelegen war.

Dort angekommen, ließ Yogbo die Welsmutter wissen, was er für eine erfolgreiche Arbeit benötige: „Bringen Sie mir Salz, Pfeffer, Tomaten und ein Messer und lassen Sie mich drei Tage mit den Kindern alleine!“, rief er. Gesagt, getan. Man schloss Adonoyogbo mit allem, was er gefordert hatte, ein und verbot den Bewohnern, ihn zu stören, aus welchem Grund auch immer.

Am dritten Tage endlich trat Yogbo sichtlich zufrieden aus dem Haus heraus und schloss behutsam die Tür. Er versicherte der Welsmutter, dass alles gut verlaufen sei und er nun abreisen wolle. Doch noch bevor er sich verabschiedete, empfahl er der Welsmutter, die Tür erst dann zu öffnen, wenn er sich schon weit entfernt habe. Yogbo wandte sich an einen Ruderer, er solle ihn zur anderen Seite des Flusses übersetzen und machte es sich alsbald in der Barke bequem. Sie waren nicht weit gekommen, als die Welsmutter anfing, zu zweifeln. Sie öffnete schließlich die Tür, und zu ihrem Entsetzen musste sie feststellen, dass nur noch die Gräten der Kleinen übrig geblieben waren: Yogbo hatte alle Kinder gefressen.

Völlig aufgelöst und niedergeschlagen stürzte sie aus dem Haus und rief die ganze Dorfgemeinschaft zusammen. Die aufgebrachte Menge schrie dem Ruderer zu: „Bring Yogbo zurück! Bring ihn zurück, damit er für sein Vergehen büße!" Doch dieser zögerte, er verstand die plötzliche Unruhe der Bewohner nicht. Adonoyogbo wurde sich bewusst, dass seine Tat aufgedeckt worden war und hielt den Ruderer zur Weiterfahrt an: „Sie beglückwünschen dich zu deiner vorzüglichen Ruderkunst und spornen dich zu einer noch schnelleren Fahrt an!" Von diesen Worten geschmeichelt, verdoppelte der Ruderer seine Kraft und sie kamen ohne Zwischenfälle an ihr Ziel. Gesättigt kehrte Yogbo nach Hause zurück.

Wieder einmal ist es Yogbo dank seiner List gelungen, seinen Hunger zu stillen und zu entkommen. Falls ihr jemals eine Wels-Mutter treffen solltet, fragt sie besser nicht nach der Herkunft ihrer Narben.

Deshalb sagt man: Adonoyogbo kommt aus allen schwierigen Situationen immer ungeschoren davon.

9. Aziza und die Frau mit dem Holzbündel (Fon)

Mein Märchen springt hin und her und setzt sich schließlich auf eine Frau.

Irgendwo in einem sehr weit entfernten Dorf lebte eine Frau. Sie hieß Nàkpè, war Bäuerin und ging jeden Tag aufs Feld, wo sie Holzbündel zusammentrug, die sie anschließend auf dem Markt des Dorfes verkaufte. Die alte Frau hatte einen kleinen Jungen, der sie auf ihrer Suche nach Holz begleitete und ihr half, die Stöcke, die sie hier und da auf dem Feld fand, auf ihren Kopf zu setzen.

Eines Tages aber, als sie sich wie gewöhnlich in den Wald begab, konnte ihr kleiner Gefährte sie nicht begleiten, da er krank war. Sie kam also alleine auf dem Felde an und hatte nach einiger Zeit ein großes Bündel zusammengetragen. Nur, dass sie das ganze Bündel nicht alleine heben konnte und diesmal nicht auf die Hilfe des Jungen zählen konnte, der im Dorf geblieben war. Sie seufzte also laut: „Wenn mir doch nur jemand helfen könnte, die Last auf den Kopf zu heben!" Nun befand sich die alte Frau in diesem Augenblick an einem verlassenen Ort, der von großen Bäumen umgeben war, und als sie gerade ihren Satz beendet hatte, erschien plötzlich eine seltsame Gestalt inmitten des großen Busches und blieb einige Schritte von der Bäuerin entfernt stehen.

Diese erschrak jedoch nicht und wiederholte ganz einfach ihren Wunsch. Das geheimnisvolle Wesen lehnte dies jedoch ab. Nakpè bestand so sehr darauf, dass das seltsame Wesen schließlich einwilligte. Es half also der alten Frau, das Holzbündel auf ihren Kopf zu setzen. In dem Moment aber, in dem sie sich mit ihrer Last wieder aufrichtete, sprang das eigenartige Wesen auf das Bündel und ließ sich dort oben nieder. Die arme Frau nahm dies jedoch nicht wahr. Sie machte sich auf den Rückweg und erreichte alsbald den Hauptweg, der zu ihrem Dorf führte. Auf einmal bemerkte die alte Frau, dass ihre Last schwerer war als gewöhnlich, obwohl das Holzbündel, das sie an diesem Tag zusammengetragen hatte, nicht größer war als das des Vortages. Da sie jedoch nicht mehr weit vom

Markt entfernt war, lief sie den Weg entschlossen weiter. Nach einiger Zeit wurde sich die Holzverkäuferin bewusst, dass ihre Last wahrlich zu schwer war und immer schwerer wurde. Sie rief einen Vorbeikommenden zu sich und bat ihn um Hilfe, die Last abzusetzen. Aber genau in diesem Moment fing das seltsame Wesen an, zu singen. Es war niemand anderes als Aziza selbst:

Nawé lo ba nàki sukpo bo do ma dida nàki o émi
bo u kà gbé bo gbé, e do kinklin nu mi, bo un gbé
E kàa do dandan yé jén na dida nàki o e mi bo u kà didà
Bo junjon naki o ji

Dies bedeutet:

„Diese Frau hat ein Holzbündel zusammengetragen
und mich darum gebeten, ihr behilflich zu sein.
Ich habe abgelehnt, doch sie hat darauf bestanden.
Also half ich ihr und ließ mich darauf nieder."

Bei diesen Worten bekam es der Vorbeikommende mit der Angst zu tun und entfernte sich schnell. Er wollte mit Aziza nichts zu tun haben, denn unter den Dorfbewohnern war das böse Spiel Azizas wohlbekannt. Die alte Frau traf noch viele andere Personen, die sie um Hilfe bat. Jedes Mal stimmte Aziza jedoch sein Lied an und jedes Mal entfernten sich die Vorbeikommenden schnell und überließen die alte Frau ihrem traurigen Los. Sie kam bald beim Schmied an, den sie anflehte, sie zu erlösen. Aziza stimmte wieder sein Lied an, und der Schmied sollte es hören:

Nawé lo ba nàki sukpo bo do ma dida nàki o émi
bo u kà gbé bo gbé, e do kinklin nu mi, bo un gbé
E kàa do dandan yé jén na dida nàki o e mi bo u kà didà
Bo junjon naki o ji.

Diese Frau hat ein Holzbündel zusammengetragen
und mich darum gebeten, ihr behilflich zu sein,
es auf den Kopf zu heben. Ich habe abgelehnt,
doch sie hat darauf bestanden.
Also half ich ihr und ließ mich darauf nieder.

Nach einigen Momenten des Zögerns ergriff der Schmied ein Stück Metall, das er schon seit langer Zeit auf dem Feuer liegen hatte, und warf es mit aller Kraft in Richtung des Bündels, das die alte Frau immer noch auf dem Kopf trug. Das überhitzte Metall ließ das Holzbündel in alle Richtungen zerbersten und Aziza mit ihm. So kam es, dass die alte Frau endlich erlöst war.

Deshalb sagt man, es sei besser, nicht allzu laut zu sprechen, wenn man sich alleine im Busch befindet, denn dort wohnen Geister und nicht nur gute.

10. Die Zwillinge und Aziza (Fon)

Mein Märchen rollt, rollt und setzt sich auf Zinsou und Sagbo.

Zinsou und Sagbo waren Zwillinge. Als ausgezeichnete Jäger, die sie waren, blieben sie oft mehrere Tage im Wald, wo sie ihre Beute nach dem Fang zerlegten und räucherten. Zu diesem Zweck hatten sie einen Holzhaufen mitten im Wald errichtet, in dem fortdauernd Asche schwelte. Eines Tages aber brach ein Regen von solch einer ungewöhnlichen Stärke über den Wald herein, dass das Feuer vollständig gelöscht wurde. Als die zwei hervorragenden Jäger sich anschickten, auf ein Neues ein Stück Fleisch zu räuchern, mussten sie verstört feststellen, dass sie kein Feuer mehr anzünden konnten. Sagbo verlor jedoch nicht den Mut und versprach Zinsou, bald wieder Feuer zu beschaffen. Der mutige junge Mann schlug sich in den Busch und suchte vergebens nach Feuer. Plötzlich kam ihm eine Idee. Er kletterte langsam auf einen Baum und suchte den Horizont ab. Bald sah er in der Ferne Rauch aufsteigen. Sagbo stieg schnell vom Baum herab und schlug die Richtung ein, aus der der Rauch aufstieg. Er erreichte sein Ziel nach einem schnellen Lauf durch Ranken und Dornen. Dort gab es einen Schuppen, vor dem einige Palmen, die vom Regen des Vortages noch feucht waren, nur schwach vor sich hin blühten. Als er sich aber dieser ungewöhnlichen Behausung näherte, um nach Feuer zu fragen, trat ein Aziza aus der Hütte heraus. Die ungewöhnliche Person war gerade dabei, ihr Mittagessen einzunehmen. Dies tat sie mit Händen, Füssen, Ohren, Nasen und Haaren. Erstaunt stimmte Sagbo ein Lied an, das er an seinen Bruder richtete, der in der Nähe des Holzhaufens geblieben war:

Zinsú é zinsú é ùn mon nudé, o to non dùnù á?
ùn mon nudé, awontin non dùnù á? ùn mon nudé,
afo non dùnù á? ùn mon nudé.

Eh Zinsou, ich sah soeben etwas außergewöhnlich Erstaunliches.
Kann man mit den Ohren essen?
Kann man mit der Nase essen?
Kann mit den Füssen essen?
Ich sah soeben etwas außergewöhnlich Erstaunliches.

Als Aziza dies hörte, wurde er schrecklich wütend und sprang auf, um Sagbo zu jagen, entschlossen, ihn für seine Unverschämtheit zu bestrafen. Aber geschickt wie er war, verschwand der kühne Jäger im Unterholz und traf seinen Bruder wieder. Die beiden jungen Burschen versteckten sich schnell und so gut, dass Aziza sie nicht finden konnte. Dieser konnte diese Kränkung nicht ertragen und beschloss, sich in das Dorf der beiden Jäger zu begeben. Er kam dort ohne Zwischenfälle an, doch sobald er die ersten Hütten mit Strohdächern sah, verwandelte sich Aziza in eine schöne, entzückende junge Frau. Sie kündigte sich beim Dorfkönig an und sagte ihm, sie wolle einen jungen Mann aus dieser Gegend heiraten. Sie stellte eine Bedingung: „ Derjenige, der es schafft, mit nur einem Pfeilschuss das Hirsekorn aus dieser Kalebasse in Stücke fliegen zu lassen, den möchte ich zum Mann nehmen.“ Diese Probe war nicht zufällig gewählt. Aziza wusste ganz genau, dass einzig sehr geschickte Jäger diese Heldentat vollbringen konnten. Aber bis zu dieser Zeit waren Zinsou und Sagbo noch nicht von der Jagd heimgekehrt. Alle jungen Männer des Dorfes, durch die verblüffende Schönheit des Mädchens in den Bann geschlagen, drängten sich danach, ihre Chance zu versuchen. Aber sie scheiterten alle erbärmlich. Die Mutter der Zwillinge wurde von großer Traurigkeit heimgesucht, denn sie war sich sicher, dass ihre Söhne diese Probe bestanden hätten. Genau in diesem Augenblick hörte sie Hunde bellen: Es waren die drei Jagdhunde ihrer Kinder! Zinsou und Sagbo waren zurückgekehrt. Die Mutter rannte zu ihnen, erzählte ihnen schnell von der Lage im Dorfe und bat sie, sich auf den Weg zum Dorfplatz zu machen. Gesagt, getan. Die Jäger wurden von einer erregten Menge empfangen, denn keiner wollte, dass dieses charmante Mädchen das Dorf verließ. Sagbo versuchte es als erster und hatte sogleich Erfolg. Das Hirsekorn flog in Stücke und es herrschte großer Jubel. Der nichts ahnende Sagbo heiratete also seinen erklärten Feind Aziza.

Eines Tages, als das junge Paar schlief, erwachte Aziza mitten in der Nacht und wollte Sagbo erstechen. Aber die Hunde, die auf der Türschwelle wachten, begannen, heftig zu bellen und ihr Herr erwachte. Aziza erklärte ihm, dass sie gerade aufgestanden war, um auf die Toilette zu gehen und die Hunde sie in diesem Moment sogleich bedroht hätten. Sagbo wies die Hunde scharf zurecht und schlief wieder ein. Aber dasselbe spielte sich noch einmal ab und wieder durchkreuzten die Hunde Azizas gemeinen Plan. So entschloss sich Aziza, dem jungen Mann eine Falle zu stellen. Am nächsten Tag, als sich Sagbo ohne seinen Bruder Zinsou, dem es nicht wohl war, für die Jagd vorbereitete, schlug ihm die junge Ehefrau vor, ihn zu begleiten und überzeugte ihn davon, die Hunde zu Hause zu lassen.

Den jungen Jäger beschlich eine Vorahnung. Er nahm den Vorschlag seiner Frau an, begab sich aber vorher noch zu seiner Mutter und sagte: „Mutter, ich gehe auf die Jagd, diesmal ohne meine drei Hunde. Ich habe einen Kessel mit Blut auf das Feuer gestellt. Wenn es anfängt zu kochen und das Gefäß am Überkochen ist, gib meinen Hunden zu fressen und lasse sie frei, denn dies bedeutet, dass ich mich in Gefahr befinde; sie werden mich zu finden wissen."

Daraufhin machten sich Sagbo und seine Ehefrau in den Wald auf. Aber wo der Wald vor lauter Lianen und der großen Bäume undurchdringlich war, nahm Aziza wieder seine wahre Form an, rief die bösen Geister des Waldes zusammen und sie stürzten sich auf den armen Jäger. Sagbo hatte gerade noch Zeit, auf einen hohen, starken Baum zu klettern. Aber die bösen Geister machten sich daran, den Baum umzusägen. Schon begann der Baum zu schwanken und drohte zu fallen. Da warf Sagbo eine seiner Atawungwés[5], die er immer mit sich trug, vom Baum hinab. Als die Atawungwé die Erde berührte, wuchs der Baumstamm wieder und nahm seine ursprüngliche Form an. Aber weit davon entfernt aufzugeben, machten sich die bösen Geister daran, weiter zu sägen.

Im Dorf schlief die Mutter des Jägers fest wie ein Stein. Das Blut kochte wild im Kessel. Der Baum war wieder kurz davor zu fallen, als Sagbo die zweite von den drei Atawungwés zu Boden warf. Aufs Neue wuchs der Baumstamm, aber die bösen Geister gaben immer noch nicht auf, entschlossen, ihrem Feind ein Ende zu bereiten. In diesem Moment bat einer der Geister, der schwanger war, von dem armen Jäger abzulassen. Aber die anderen widersprachen und legten an Kraft zu.

Bald musste Sagbo von seiner dritten und letzten Atawungwé Gebrauch machen. Bei der Vorstellung, seinen furchterregenden Feinden in die Hände zu fallen, lief es ihm kalt den Rücken hinunter. Der Baum war so gut wie gefällt und nur noch eine Holzsehne ließ den Baumstamm aufrecht stehen. Genau in diesem Moment wachte die Mutter der Zwillinge auf, sah das Blut im Kessel überkochen, gab den Hunden schnell zu essen und ließ sie sofort frei. Diese zögerten nicht, ihren Herrn zu retten. Als der verzweifelte Sagbo von weitem eine Staubwolke aufwirbeln sah, die sich näherte, wusste er, dass er gerettet war. Die drei Hunde kamen schnell am Fuße des Baumes an und ihr Herr befahl ihnen: „ Mɛhu-mɛhu, töte sie alle! Hunnu-hunnu, fange an, beliebig viel Blut zu trinken, Xúgba-xúgba, zerstoße alle Knochen!“ Es handelte sich tatsächlich um die Namen der drei Hunde.

Kurz darauf waren alle bösen Geister verschlungen und die Hunde stürzten sich auf den schwangeren Geist, der sich abseits von der traurigen Arbeit seiner Mitgeister gehalten hatte. Sagbo befahl seinen treuen Hunden, ihm nichts anzutun.

---

[5] Atawungwe ist die Frucht eines Baumes mit magischer Macht versehen. Es gibt zwei Sorten dieser Frucht, nämlich die schweigende Atawungwe, die glückbringend sein soll und die sprechende Atawungwe, die nur Unglück bringt.

Der junge Jäger kehrte gesund und gerettet mit seinen drei Begleitern ins Dorf zurück.

Deshalb: Man soll bei all seinen Handlungen immer auf der Hut sein.

11. Das Waisenmädchen (Maxi)

Mein Märchen rollt, fliegt und setzt sich schließlich auf ein Waisenmädchen.

Dieses Mädchen lebte bei seiner Stiefmutter, einer Frau von außerordentlicher Boshaftigkeit. Es stand als erste auf und ging als letzte zu Bett und die schwierigsten und langwierigsten Aufgaben waren alle ihm vorbehalten. Zu essen bekam es nur die Reste, die von seiner Stiefmutter und seiner Stiefschwester, die nicht minder bösartig war als ihre Mutter, übrig blieben.

Eines Tages beging das Waisenmädchen einen groben Fehler: Um seinen Durst zu stillen, trank es, ohne um Erlaubnis zu bitten, Wasser aus einem Krug. Nachdem die Stiefmutter es ernsthaft zurechtgewiesen und geschlagen hatte, verlangte sie von ihm, das Wasser des Kruges wieder aufzufüllen. Anstatt dass sie das Mädchen aber aus dem Dorfbrunnen schöpfen ließ, befahl sie ihm, sich zum Fluss Azlito zu begeben. Der Azlito war keine Wasserstelle wie jede andere. Sich zu ihm zu begeben war äußerst gefährlich und gewagt. Alle, die sich bis zu diesem Tage dorthin begeben hatten, waren nicht mehr zurückgekommen. Ohne zu widersprechen, machte sich das Waisenmädchen, einen Krug auf dem Kopf, auf den ihm unbekannten Weg. Verloren und traurig setzte es zu einem Lied an:

Nosisi se mi ganuganu do Azlito
nu do nyi ni dún sìn wá!
Nosisi se mi ganuganu do Azlito
nu do nyi ni dún sìn wá!
E ka tuun do Azlito o to badabada we.
Meine Stiefmutter zwang mich,
Wasser aus dem Azlito zu schöpfen.
Meine Stiefmutter zwang mich
Wasser aus dem Azlito zu schöpfen,
obwohl der Azlito kein einfacher Fluss ist.

Es hatte gerade zu singen aufgehört, als es auf zwei Steine traf, die sich in einen Streit verwickelt hatten. Sie schlugen aufeinander ein und stießen dumpf aneinander. Das Mädchen überwand sich und fragte sie freundlich nach dem Weg zum Azlito. „Wenn es dir gelingt, unseren Streit zu schlichten, werden wir dir helfen“, antworteten die Steine. Mit Wunden und Beulen übersät, gelang es dem Waisenmädchen endlich, die beiden auseinander zu bringen, und die Steine wiesen ihm den Weg zum Azlito. Den Weg weiter verfolgend, begann es wieder sein Lied zu singen:

Nosisi se mi ganuganu do Azlito
nu do nyi ni dún sìn wá!
Nosisi se mi ganuganu do Azlito
nu do nyi ni dún sìn wá!
E ka tuun do Azlito o to badabada we.

Als sie ihr Liedchen beendet hatte, entdeckte sie zwei Glasscherben, die sich einen Kampf lieferten. Sie stießen sich, prallten aneinander, ohne dass es ein Ende nahm. Wiederum sprach das Waisenmädchen die beiden an: „Kennt ihr den Weg zum Azlito?“ fragte es. „Damit wir dir den Weg weisen, musst du uns zunächst auseinander bringen“, riefen ihm die Glasscherben zu. Das Mädchen hatte keine Wahl. Es stellte sich zwischen die beiden, die endlich, nachdem sie es geschnitten und verletzt hatten, ihren Streit beendeten und ihm den Weg wiesen.

Das Waisenmädchen verfolgte weiter seinen Weg. Nicht weit von dort entdeckte es zwei Kobras, die sich heftig schlugen. Trotz seiner Angst stellte es ihnen die gleiche Frage wie den anderen, die es zuvor getroffen hatte. Auch die zwei Schlangen forderten von ihm, sie zu trennen, bevor sie ihrerseits Hilfe anbieten würden. Einmal zur Ruhe gekommen, zeigten sie dem Waisenmädchen den Weg und dieses, verletzt durch die Auseinandersetzung, setzte seinen Weg mehr recht als schlecht fort. Nachdem es lange gelaufen war und oftmals vor sich hin gesungen hatte, traf das Waisenmädchen eine alte Frau, die von Wunden übersät war, die niemals gepflegt worden waren. Diese Frau verströmte einen üblen Geruch, doch das Wasenmädchen näherte sich ihr, ohne eine Miene zu verziehen und fragte sie nach dem Weg zum Fluss. „Der Azlito“, sagte die Alte „ist nicht weit von hier gelegen, aber zuvor musst du mir meine Wunden lecken, die mich scheußlich leiden lassen.“ Ihren Ekel unterdrückend, machte sich das Waisenmädchen daran, die Wunden der Frau zu lecken, so dass sich die Alte schnell erleichtert fühlte. Sie wies dem Waisenmädchen den Weg zum Azlito, empfahl ihm aber zugleich drei Atawungwes von einem Baum in der Nähe des Flusses zu pflücken. Diese Atawungwes hatten die Besonderheit sprechen zu können und ihre Wünsche auszudrücken. „Pflücke vor allem jene, die ruhig und friedlich sind“, empfahl ihm die Alte. „Schenke denen, die dir etwas zuschreien, keine Aufmerksamkeit!“ Sie empfahl ihm auch, dass sie auf dem Rückweg eine Atawungwe nach der anderen aufbrechen solle. Das Mädchen hörte den Ratschlägen der alten Frau aufmerksam zu.

Am Flussufer angekommen, pflückte es die Atawungwes, die ruhig waren. Dann füllte es seinen Wasserkrug und machte sich auf den Heimweg. Auf dem Weg zerbrach es die erste Atawungwe. Zu seiner großen Überraschung erschienen die bestausgestatteten Fahrzeuge. Es war noch völlig außer sich, als es, nachdem es die zweite Atawungwe zerbrochen hatte, Häuser jedweder Art sah, eines schöner als das andere. Im Dorf angekommen zerbrach es die dritte und letzte Atawungwe und die Häuser füllten sich mit Gold. Mit einem Mal reich, entschloss sich das Waisenmädchen nicht mehr zu seiner bösartigen Stiefmutter zurückzukehren. Als diese vom Glück ihrer Stieftochter erfuhr, wurde sie von Eifersucht und Ehrgeiz gepackt. Schonungslos schickte sie ihre eigene Tochter los, damit auch sie mit Reichtümern ausgestattet zurückkehre. Jene, schlecht erzogen und von Natur aus undankbar und überheblich, zögerte nicht, die Steine, die Glasscherben, die Kobras zu beschimpfen und sich über die Ratschläge der alten Frau lustig zu machen. Trotz alledem am Flussufer angelangt, sah sie den Atawungwebaum: die einen Früchte blieben ruhig, die anderen aber schüttelten sich und schrien dem Mädchen zu, sie solle sie doch pflücken. Sie tat dies alsbald und machte sich auf den Heimweg. Sie zerbrach die erste Atawungwe und die Steine, die sie zuvor abgewiesen hatte, fielen auf sie herab. Niedergeschlagen und verzweifelt ergriff sie die Flucht. Kurz darauf zerbrach sie die zweite Atawungwe, und nun waren die Glasscherben an der Reihe, sich auf sie zu stürzen, um sie zu zerreißen und zu schneiden. Als sie schließlich außer Atem und in einem jammervollen Zustand zu Hause ankam, zerbrach sie die letzte Atawungwe und die Kobras umkreisten sie, zischten und spukten ihr Gift, bereit sie zu beißen. Die Schreie des armen Mädchens alarmierten ihre Mutter, die ihr schließlich zur Hilfe kam. Aber erschrocken musste sie mit ansehen, wie die giftigen Schlangen ihre Tochter tot gebissen hatten. Sie tröstete sich nie.

Deshalb: Man soll Waisenkinder niemals schlecht behandeln, sondern sie achten, weil alles Schlechte, das man ihnen antut, sich früher oder später rächt.

12. Der Bauer und die Palmenfrau (Fon)

Mein Märchen fliegt, fliegt und setzt sich schließlich auf einen Mann, irgendwo in einem sehr entfernten Dorf.

Dieser Mann war Bauer und ging täglich aufs Feld, um seine Frau und seine Kinder zu ernähren. Eines Tages, als er wie gewöhnlich sein Feld bearbeitete, musste er wegen der glühend heißen Sonne eine Pause einlegen. Er streckte sich im Schatten einer Palme aus, die nicht weit entfernt stand. Der Baum war so jung und schön, dass sein Aussehen an die Form einer Frau im heiratsfähigen Alter erinnerte. Der Schatten und die frische Luft, die ihm die Palme spendete, entlockte dem Bauern einen tiefen Seufzer: „Ach, wenn sich die Palme doch nur in eine junge Frau verwandeln könnte, ich würde sie auf der Stelle heiraten!" Nun war es zu dieser Zeit möglich, dass sich solche Wünsche manchmal verwirklichten. So antwortete ihm die Palme zu seiner großen Überraschung: „Ich bin bereit, mich in eine Frau zu verwandeln und dich zu heiraten. Unter einer Bedingung jedoch: Du musst versprechen, dieses Geheimnis für dich zu behalten und du darfst es unter keinen Umständen preisgeben." Voller Freude gab der Bauer den geforderten Schwur ab. Die Palme bat ihn, sich einen Moment umzudrehen. Er fügte sich mit großem Eifer. Die Palme verwandelte sich sodann in eine entzückende junge Frau, die der Bauer sofort bei der Hand und mit zu sich nahm. Er nannte sie Wantiti und für ihn begann ein neues Leben.

Die Mutter des Bauern war über das plötzliche Erscheinen Wantitis im Leben ihres Sohnes erstaunt. Sie fragte ihn eines Tages nach der Herkunft seiner neuen Ehefrau. Sie schaffte es jedoch nicht, ihn zum Sprechen zu bringen. Auch seine erste Frau ließ ihn mit diesem Thema nicht in Frieden. Er antwortete einzig, dass Wantiti ein Geschenk Gottes sei und dass er sie auf die gleiche Weise wie seine erste Ehefrau kennen gelernt habe. Alle Dorfbewohner beneideten ihn um sein Glück, so berauschend und bezaubernd war Wantitis Schönheit. Wantiti brachte bald einen Sohn zur

Welt, dann einen zweiten. Das dritte Kind der geheimnisvollen Schönheit war ein Mädchen von solcher Schönheit wie die der Mutter. Diese Situation raubte der ersten Frau den letzten Nerv. Sie entschloss sich, das Geheimnis, das die Mitehefrau umgab, zu ergründen. Eines Abends, nachdem sie ihrem Mann das Essen gekocht hatte, gab sie ihm eine ungewöhnliche Menge an Sodabi[6] zu trinken und bald offenbarte dieser die ganze Geschichte, so betrunken war er.

Einige Tage später, als Wantitis Kinder mit den Kindern der ersten Frau zusammen spielten, gab es einen kleinen Streit. So kam es, dass einer der Schlingel Wantitis Kinder beschimpfte: „Ihr seid ja nur Kinder einer Palme." Diese liefen schnell zu ihrer Mutter und berichteten ihr von den Worten ihrer Halbbrüder. Wantiti wurde außerordentlich wütend und sogleich brach ein starker Wind los. Die schöne Geheimnisvolle versammelte ihre Kinder um sich, ging zu ihrer Schwiegermutter und stimmte dieses Lied an:

Asú mitón sùnnyi mi dó Wantiti,
có bó asisi cé yló mi dó détín.
Nú ú má lè húsú détín a hún ná kú.

Unser Mann hat mich Wantiti genannt,
doch meine Mitehefrau nennt mich eine Palme.
Wenn ich nicht wieder eine Palme werde, werde ich sterben.

Die Mutter des Bauers versuchte vergebens, sie zurückzuhalten. Wantiti war jedoch wild entschlossen zu gehen. Auf ihrem Weg traf sie andere Dorfbewohner, zu denen sie die gleichen Worte sang. Schließlich traf sie auf ihren Ehemann, der gerade vom Feld kam. Dieser verbeugte sich lange, um seine Schuld zu büßen. Aber es war nichts mehr zu machen. Mit einem heftigen Windstoß kreiste Wantiti einen Moment umher und ließ sich an dem Ort nieder, an

[6] Sodabi ist ein im Süden und Zentrum Benins aus Palmenwein hergestellter Schnaps.

dem ihr Ehemann sie einst gefunden hatte. Dort verwandelte sie sich wieder in eine Palme. Ihre Kinder wurden kleine Palmen, die um sie herum standen. Der Bauer weinte viele Stunden lang, doch niemand kam, um ihn zu trösten.

Deshalb: Man sollte immer sein Versprechen halten und nicht das Vertrauen anderer missbrauchen.

13. Wie die Krabbe den Fisch betrog! (Fon)

Mein Märchen rollt, rollt und setzt sich schließlich auf einen Fisch und eine Krabbe.

Zu jener Zeit waren der Fisch und die Krabbe sehr gute Freunde. Eines Tages wollte sich der Fisch auf Reisen begeben. Er wandte sich an seine Freundin, die Krabbe, und ließ sie wissen, dass er nun für geraume Zeit abwesend sein würde. Der Fisch bat die Krabbe, sich während seiner langen Reise um seine Kinder zu kümmern. Dieser sagte mit großem Eifer: „Mach dir keine Sorgen, meine Freundin! Deine Kinder sind auch meine Kinder, und ich behandele sie wie die meinen. Wenn du wiederkommst wirst du sie gesund vorfinden!“ Der Fisch bedankte sich ausgiebig bei der Krabbe und machte sich auf den Weg. Die Krabben-Frau brachte die kleinen Fische zu sich nach Hause und wies ihnen eine Hütte zu, die ihnen für den ganzen Aufenthalt in ihrer Siedlung zur Verfügung stehen sollte.

Es wurde Abend und die Krabbe begann, das Abendessen vorzubereiten. Da die Fischkinder im Haus geblieben waren, holte sie sie von dort ab und sprach zu ihnen: „He! Helft ihr eurer Mutter nicht gewöhnlich, wenn sie am Kochen ist? Warum macht ihr das hier nicht genauso? Kommt her und lasst uns das Essen zusammen vorbereiten!“ Nachdem sie ihre eigenen Kinder in der Hütte eingesperrt hatte, ließ die Krabbe die Kinder ihrer Freundin in ihre Küche treten. Die Fischkinder halfen ihrer Tagesmutter so gut es ging, doch schon nach einiger Zeit schliefen sie alle zwischen Herd, Tellern und den anderen Küchengegenständen ein. Sofort stürzte sich die Krabbe auf sie, warf sie eines nach dem anderen in einen großen Topf, kochte sie und aß sie schließlich auf. Einige Tage später kehrte der Fisch von seiner großen Reise zurück. Er freute sich darauf, seine Kinder so gesund und wohlgenährt wieder zu treffen, wie es ihm seine Freundin, die Krabbe, versprochen hatte. Er begab sich also zu ihr und wurde sehr herzlich empfangen. Als der Fisch jedoch nach seinen Kindern fragte, sagte ihm die Krabbe, dass sie gerade aufgebrochen seien, versicherte ihm aber, dass sie bald zurückkommen würden.

So vergingen Stunden und schließlich Tage und die Fischkinder waren immer noch nicht heimgekehrt. Die Fischmutter zeigte zunehmend Anzeichen von Besorgnis und teilte diese ihrer Freundin, der Krabbe, mit. Diese eröffnete ihrer Nachbarin schließlich, dass ihre Kinder während ihrer Abwesenheit gestorben seien und sie sie sehr weit vom Dorf entfernt hatte begraben lassen. Da verstand der Fisch, dass seine beste Freundin ihn verraten und hintergangen hatte und er weinte bitter um seine lieben Kinder.

Deshalb sagt man, dass man sehr vorsichtig sein und den anderen niemals volles Vertrauen schenken solle.

14. Der hässliche Prinz (Aizo)

Mein Märchen rollt, fliegt, fliegt und setzt sich schließlich weit, sehr weit auf ein Dorf.

Über dieses Dorf, das im Herzen des Busches lag, herrschte ein König. Unablässig bemühte er sich um einen Thronerben und der mächtige Monarch hatte deshalb schon vierzig Frauen geheiratet. Diese waren ebenso zahlreich wie schön, aber keine von ihnen gebar dem Ehemann, dem König, den so sehr erwarteten Sohn. Doch anstatt die Hoffnung aufzugeben, heiratete der König eine weitere Frau. Diese einundvierzigste Frau brachte gegen alle Erwartungen einen Jungen zur Welt. Welch ein Glück für den Herrscher und welch ein Jubel im Dorf! Leider aber machte sich schnell wieder eine allgemeine Trostlosigkeit breit: Der Sohn, der Thronfolger, der seit langem so ersehnte Prinz, war nämlich außerordentlich hässlich. Er war so hässlich, dass es seinen Eltern schwer fiel, ihn ihren Gästen vorzustellen. So wuchs der hässliche Königssohn von den Eltern verhasst und von all den Bewohnern zurückgewiesen auf. Die einen wollten nichts mit ihm zu tun haben, die anderen vermieden es ganz einfach, ihm ins Gesicht zu schauen und die Mädchen des Dorfes machten sich über ihn lustig. Unter all den Wesen, die im Dorf lebten, gab es nur einen Hund, der dem hässlichen Prinzen Gesellschaft leistete.

Eines Tages hatte der junge Prinz großen Durst. Deshalb nahm er eine Kalebasse, die einer Mitehefrau seiner Mutter gehörte, zur Hand. Diese riss ihm das Gefäß aus der Hand und überhäufte ihn mit Schimpfwörtern. Den Tränen nahe, nahm der arme Prinz eine Hacke und ein Buschmesser, und von seinem treuen Hund begleitet, verließ er das väterliche Haus und begab sich in den Wald. Von allen verstoßen, ließ er sich weit von seinem Dorf entfernt nieder. Mit Hilfe seiner Hacke und seines Buschmessers rodete er ein breites Feld und baute sich eine Hütte. Die Tage vergingen, die Monate und die Jahre auch und der Junge, der an das wilde Leben des Waldes nun gewohnt war, wurde älter und kräftiger. Er wurde

Bauer und hatte einen großen Vorrat an Yamswurzeln in seinen zahlreichen Böden.

Nun waren aber zu jener Zeit die Kämpfe zwischen Sippen häufig und es war gefährlich, sich allein weit weg von seinem Dorf zu begeben.

Eines Tages entdeckte eine Gruppe von Kriegern die Hütte des Prinzen, als sie von einem Feldzug zurückkamen, und hielten sich dort auf. Der Prinz schenkte ihnen frisches Wasser, welches tatsächlich aus einer Grotte hervorsprang, die nicht weit entfernt lag. Er steckte dann einen seiner Böden in Brand, um ihnen gebratene Yams zu bieten. Der Hauptmann war von der Gastfreundlichkeit des Prinzen so beeindruckt, dass er entschied, an dieser Stelle ein Feld zu befestigen. Dann befahl er seinen Kriegern, eine festere und größere Behausung für den Prinzen zu bauen. Von seiner Festung aus konnte der junge Prinz alle umliegenden Dörfer rings umher erkennen.

Nach einigen Tagen der Gastfreundlichkeit, die ihm der Prinz angeboten hatte, ließ ihn der Hauptmann jedoch wissen, dass er nicht länger verweilen könne, denn sie hatten noch eine Eroberung vor sich: Das Dorf, dessen König so viele Frauen hatte. Der Prinz wusste sofort, dass es sich um sein Heimatdorf handelte. Nun waren aber der Prinz und der Hauptmann nach einigen Tagen Gesellschaft gute Freunde und diese Freundschaft war so stark, dass der Prinz seinen Freund dazu bringen konnte, seine Vorhaben und seine Pläne zu ändern. „Du darfst dieses Dorf angreifen“, erwiderte ihm also der Prinz, „ich bitte dich jedoch, alle Dorfbewohner am Leben zu lassen. Tötete sie nicht, fessle sie nur!“ Wenig später erstürmten also die gefürchteten Krieger das Dorf und fesselten alles, was sich aufrecht fortbewegte. Alles? Nein! Außer Yéboyi. Yéboyi war in der Tat der Name einer der Frauen des Königs. Mutig und sehr klug gelang es ihr, den Angreifern zu entkommen. Dank ihrer List und ihrer Neugier war es ihr auch zuvor gelungen, das Versteck des Prinzen ausfindig zu machen, als damals alle von seinem plötzlichen Verschwinden sprachen. Yéboyi machte sich daran, rasend schnell nach der im Herzen des Waldes gelegenen Lichtung zu laufen. Sie hatte ihr Ziel jedoch noch nicht erreicht, als sie mit ihren Kräften zu Ende war. Da nahm die mutige Frau die allerletzten Kräfte zusammen und stimmte ein Lied in Richtung des Prinzen an:

Nyan é hanyan hanyan gba yé lóò
Da towé kodo sozonu!
Nyan é hanyan hanyan gba yé lóò
Da towé kodo sozonu!
Dies bedeutet:

Junger Kerl, junger Kerl,
deine Leute im Dorf sind angegriffen worden,
und dein Vater ist der Gefahr ausgeliefert;
dein Vater ist der Gefahr ausgeliefert!

Dieser hoffnungslose Ruf warnte den jungen Prinzen vor der Erstürmung seines Dorfes durch die Fremden und vor dem baldigen Tod seines Vaters. Auf seinem Acker damit beschäftigt, seine Wurzelknolle auszugraben, hörte der Prinz das aus der Ferne widerhallende Lied. Da er die Meldung verstand und diese zarte und schöne, doch jetzt beklemmende Stimme erkannte, erwiderte ihr der Prinz alsdann in gleicher Weise:

Yéboyi hwilo boyi xwéé lóòYéboyi hwilo boyi xwéé
Kaka nu adivi dagbé lɛ ni hwlɛn yeto nigan
Fitɛ́ adivi dagbe lɛ debo. Ahwan no gba yetolɛ xwé?
Hundidigo dohun lɛ debo. Ahwan no gba yetolɛ xwé?
Yeboyi hwi boyi xwéé. Bonu adivi agbé lɛ ni hwlɛn yeto

Das lautet:

Yeboyi, du sollst ins Dorf zurückkehren
und den guten und geliebten Kindern sagen,
sie sollen ihr Dorf, ihren Vater und ihre Mütter vor dem Krieg retten.

Yeboyi, du sollst ins Dorf zurückkehren
und den guten und geliebten Kindern sagen,
sie sollen ihr Dorf, ihren Vater und ihre Mütter vor dem Krieg retten.

Durch den Hass und die Zurückweisung, die er schon als Kind erlitten hatte, tief in seinem Inneren verletzt, war es dem hässlichen Prinzen in der Tat nicht gelungen, sich von der Bitterkeit zu befreien, die ihn gegen dieses so wenig gastfreundliche Dorf erfüllte. Deshalb antwortete er der jungen Frau, sie solle am besten zurück ins Dorf gehen, um den guten Kindern zu sagen, Ihre Majestät, ihren Vater und ihre Mutter zu retten. Wo waren denn die schönen Prinzen, sang er weiter, als der Angreifer das Dorf einnahm? Diese sollen jetzt doch ihren Eltern zu Hilfe eilen! Die Weite des Waldes trug diese so bittere Stimme bis zu Yéboyis Ohren, die ihren Ruf alsdann hartnäckig wiederholte. Noch einmal aber lehnte der Prinz ab. Hoffnungslos ließ sie sich unter einem Baum nieder und ließ ihren Tränen freien Lauf. Die junge Frau weinte, weinte und schlief schließlich ein. Eine kurze Zeit später wurde sie von einer Hand geweckt, die sich sanft auf ihre Schulter legte. Es war der Prinz, der sich entschlossen hatte, sich nach so vielen Jahren Abwesenheit in sein Heimatdorf zurück zu begeben. Sie fanden das Dorf belagert und alle Bewohner gefesselt vor. Der junge Mann traf seine Familie wieder, die über den Angriff betrübt war. Diese war auch erschüttert, den verhassten und zurückgestoßenen Sohn unter solchen Umständen wiederzusehen. Von Mitleid ergriffen sagte der hässliche Prinz zu seinem Freund, dem Hauptmann, er möge seine Eltern befreien und die anderen Gefesselten töten. Alles Flehen war vergeblich. Sogar das Versprechen des Vaters, ihm die Hälfte seines Reichtums und seiner Macht zu überlassen, beeindruckte den Prinzen nicht. Er ging in den Busch zurück, wo er mit seinem Hund weiterhin sein einsames Leben führte.

Von welcher Art ein Kind auch sein mag und unter welchen Umständen es geboren wurde, es ist doch ein Kind wie jedes andere. Es darf niemals zurückgewiesen werden.

15. Der Falke, der Eidechsenmann und der Hahn (Fon)

Mein Märchen springt hin und her und setzt sich endlich auf einen Falken.

Dieser Falke hatte ein Kind, das sehr krank war. Um es zu heilen, begab er sich mit ihm zu einem traditionellen Heiler, aber es war vergeblich. In der Hoffnung auf ein Wundermittel suchte der Falke einen Scharlatan auf, doch auch diesem misslang die Heilung. Die Krankheit seines Kleinen verschlimmerte sich von Tag zu Tag und der verzweifelte Falke wusste nicht mehr, was zu tun sei. Schließlich empfahl man ihm, einen Eidechsenmann aufzusuchen, der die Gabe habe, sein Kind zu heilen. Ohne zu zögern befolgte der Falke diesen Rat, begleitet von seinem durch die Krankheit sehr geschwächten Sohn. Der Eidechsenmann empfing sie und sagte zum Falken: „Ich kann deinen Kleinen von seinem Leiden befreien. Doch das benötigte Heilmittel befindet sich im Busch. Ich werde meinen Kleinen, der sehr lebendig und schnell ist, damit beauftragen, das Mittel aufzusuchen."

So schickte er an seiner Stelle seinen Sohn und gab ihm alle nötigen Empfehlungen mit auf den Weg. Da das Leben des jungen Falken in Gefahr war, machte sich der kleine Eidechsensohn unverzüglich auf. An einer Wegbiegung traf er jedoch auf den Hahn. Von Hunger geplagt und mit der Aussicht auf einen Leckerbissen stürzte sich der Hahn auf das kleine Reptil, das versuchte auszuweichen. Der starke Schnabel des Hahnes verschonte ihn jedoch nicht und ließ ihn sterben.

Angesichts der Verspätung seines Kindes und der Tatsache, dass sich die Gesundheit des kleinen Greifvogels verschlechterte, entschloss sich der besorgte Eidechsen-Vater nachzuschauen, ob etwas passiert sei. Er war nicht weit gekommen, da entdeckte er, was von seinem Kind übrig geblieben war. Es war von einem Schnabelhieb getötet worden, dem Schnabel eines Hahnes! Betrübt über den Tod seines Sohnes blieb ihm nichts anderes übrig, als heimzukehren. Bei seiner Rückkehr musste er feststellen, dass der kleine Falke während seiner Abwesenheit gestorben war. „Der Hahn, den wir Eidechsen so sehr fürchten, hat meinen Sohn getötet, der ja das Heilmittel für deinen Sohn beschaffen sollte. Das fürchterliche Tier hat uns keine Chance gelassen!“ Voller Kummer und Wut schwor der Falkenvater sich zu rächen und entschloss sich, von nun an gegen den großen, starken Hahn zu kämpfen und seine Jungen anzugreifen.

So trug es sich dazu, dass die Falken bis heute die Küken angreifen.

16. Die eifersüchtige Frau (Aizo)

Mein Märchen rollt, rollt und setzt sich schließlich auf ein großes Dorf.

Dort lebte ein Mann mit seiner Frau. Sie waren schon lange vermählt und versprachen sich Aufrichtigkeit und Treue bis zum Tod.

Eines Tages jedoch, als der Ehemann von der Jagd zurückkam, traf er ein Mädchen, dessen außerordentliche Schönheit alle treuen Ehepaare in Gefahr bringen kann. Der Mann vergaß sein Versprechen und entschied sich, die Schöne zu heiraten. Gesagt, getan. Er bezahlte die verlangte Mitgift und heiratete das entzückende Mädchen. Erschüttert und empört über die Treulosigkeit ihres Mannes konnte die erste Ehefrau diese Situation nicht ertragen. So entschloss sie sich, sich zu rächen. Sie legte also ein Kleid an, das aus Schalen, verbrauchten Geräten und anderem Abfall bestand. Bei Nacht, wenn der Ehemann mit seiner neuen Frau im Bett lag, lief sie im Dorf umher und sang drohend:

mɛde da asì dokpo
mɛ na gan mɛ na gan kaka,
mɛn na gan gee mɛde da asì we
mɛ na ku mɛ na ku ka ka, mɛ na ku gee.

Dies lautet:

Derjenige, der nur eine Frau heiratet,
wird leben, und zwar lange.
Derjenige aber, der zwei Frauen hat, wird sterben,
und zwar sehr sicher.

Diese Worte, die das Geklirr ihrer Kleidung rhythmisch begleiteten, erschreckten alle Dorfbewohner. Jedes Mal, wenn diese schaurigen Geräusche ertönten, war die neue Ehefrau erschrocken und blieb so beunruhigt bis zum Tagesanbruch.

Die Stimmung im Dorf wurde immer unerträglicher und alle fingen an, der neuen Gattin des Jägers diese missliche Lage zuzuschreiben. Selbst die Weisesten und die Mutigsten wagten es nicht, dem Gespenst zu trotzen. Durch diese Lage außer sich entschied der Mann, dem schrecklichen Spiel ein Ende zu setzen. So nahm er nach dem Sonnenuntergang sein Gewehr zur Hand und wartete standhaft auf den Unruhestifter. Der kam wie gewöhnlich, um den Schlaf der Bewohner zu stören und fing an, sein schreckliches Lied zu singen. Der Jäger, der nun den Tod nicht mehr fürchtete, antwortete ihm in gleicher Weise:

ma gbe do vie hu, kpla kpla hwia
ma gbe do vie hu, kpla kpla hwia

Ich halte diesem Wesen stand
Ich halte diesem Wesen stand.

Er zielte also auf das Gespenst, schoss auf es und ließ es bis zum Tagesanbruch dort liegen. Als die Dorfbewohner davon erfuhren, kamen sie angelaufen und bemerkten zu ihrer Überraschung, dass es sich hier um kein Gespenst handelte. Der so lange befürchtete Unruhestifter war niemand anders als die erste Gattin des Jägers.

Deshalb sollte man sich vor Eifersucht hüten, denn sie kann tödlich enden.

17. Yogbos Verrat (Fon)

Mein Märchen rollt, fliegt und setzt sich schließlich auf ein verlassenes, weit entferntes Dorf.

In diesem Dorf lebten zwei gute Freunde, Yogbo und die Taube. Sie waren so treu und so ehrlich miteinander, dass keiner es wagte, ein Vorhaben zu unternehmen oder auszuführen, ohne den anderen um Rat zu fragen. Sie verbargen fast nichts voreinander und so kam es, dass Yogbo eines Tages der Taube von seinen Heiratsplänen erzählte. Die beiden Freunde wurden so geschäftig, dass Yogbo am Tage der Hochzeit eine wertvolle Mitgift geben konnte und die Feier das ganze Dorf beeindruckte. Nun war die Taube nicht mehr die einzige in Yogbos Herzen. Dort gab es nun auch seine neue Frau. Die Tage vergingen, die Nächte verstrichen und nun war die Taube an der Reihe, eine Familie zu gründen. Diese heiratete auf sehr einfache Weise und brachte bald Zwillinge zur Welt. Adonoyogbo hingegen hatte keine Kinder und trotz vielfältiger Behandlung und anderer Zeremonien hatte er nicht das gleiche Glück wie die Taube. Machtlos begann Yogbo es zu bereuen, dass er nicht die Taube, seine Freundin, zur Frau genommen hatte. Anstatt aber sein trauriges Los anzunehmen, begann Yogbo, den die Eifersucht verbittert hatte, die Taube zu missachten.

Eines Tages, als der Ehemann und die Kinder der Taubendame auf Reisen waren, setzte ein Feuer, dessen Herkunft geheimnisvoll blieb, das Haus der Taube in Flammen. Letztere, die nichts von den neuen Gefühlen, die Adonoyogbo heimsuchten, ahnte, schickte ihre Kusine, die Turteltaube, los, um ihren Freund zu Hilfe zu holen. Dieser vertiefte sich in seine Feldarbeit, als er die Turteltaube bemerkte und empfahl dem Vogel, dass das Feuer einzig zu löschen sei, wenn die Taube hineinspringe. Ohne zu zögern übermittelte die Turteltaube der Taube die Nachricht, die die Anweisungen ausführte. Das Feuer verbrannte ihr schwer die Krallen, aber sie entkam lebend. Vor Schmerz klagend schaute sie ohnmächtig zu, wie die Flammen ihr Haus verschlangen.

Die Turteltaube war durch den Misserfolg der empfohlenen Lösung neugierig geworden und begab sich zu Yogbo, um Erklärungen einzufordern. Als Yogbo die Neuigkeit hörte, verlor er derart die Fassung, dass die Turteltaube es nicht schwer hatte, die traurige Wahrheit zu entdecken. Erschüttert ging die Turteltaube schnell zu ihrer Kusine, um ihr von Yogbos Verrat zu berichten. Diese litt noch unter ihren Wunden und begab sich, begleitet durch ihre Kusine, zur Fliege, einem außergewöhnlichen Heiler.

Nach einigen Tagen sorgfältiger Pflege war die Taube von ihren Verbrennungen geheilt, aber ihre Krallen blieben rot und gebrandmarkt und erinnern sie bis heute an Adonoyogbos Verrat.

18. Adonoyogbo und der Taubenmann (Fon)

Mein Märchen fliegt, fliegt und setzt sich schließlich auf Adonoyogbo.

In seinem Dorf galt Yogbo als der pfiffigste Einwohner. Er hielt sich dank seiner List und Betrügereien immer ganz gut über Wasser. Nun wurde das Dorf zu jener Zeit von einer großen Hungersnot heimgesucht. Die Einwohner überlebten nur mit Mühe und Not. Vor seinem Haus sitzend überlegte Yogbo: „Warum sollte er, der Einfallsreichste, der Herr der List, an Hunger sterben?“ Nach einiger Zeit erhob er sich entschlossen und begab sich zu seinem Nachbarn und Freund, dem Taubenmann. Dieser, gedankenverloren, hatte Yogbo nicht eintreten hören: „Mein lieber Freund, ich grüße dich“, rief Yogbo feierlich aus. Der Taubenmann, der sich nie an die unangekündigten Besuche seines Freundes Adonoyogbo gewohnt hatte, bot ihm dennoch an, sich zu setzen, neugierig, worum es sich diesmal handeln würde. „Lieber Freund“, setzte Yogbo, nun sitzend, an, „ich habe die Lösung unseres gemeinsamen Problems gefunden. Höre nur meine Idee. Wir werden ein kleines Orchester bilden. Du wirst die kleine Trommel nach diesem Rhythmus spielen: kpété kpété kpété kpété kpété, kpété kpété kpété kpété kpété. Ich werde mich um die größere kümmern: gbodogbo, gbodogbo, gbodogbo!“ Der Taubenmann, der sehr wohl wusste, dass alle Trommeln in dieser Gegend eine Nachricht übermittelten, wollte deshalb mehr davon wissen. „Deine kleine Trommel“ antwortete ihm Yogbo, „sagt Folgendes: ‚Ich nehme von niemandem etwas an, was immer es auch sei´! Und meine sagt: ‚Wie kann der Mensch nichts von seinem Nächsten wollen? Ich akzeptiere alles!‘ Wir werden von Dorf zu Dorf laufen und unsere Musik spielen. Du wirst sehen, wir werden unseren Hunger stillen und unseren Durst löschen können.“ Gesagt, getan! Die zwei Freunde beschafften sich die nötige Ausrüstung, übten ein Weilchen und das kleine Orchester machte sich auf den Weg. Sie liefen lange, durchquerten Savannen und Wälder und kamen schließlich in ein Dorf. Hier wurde eine

Beerdigung gefeiert und das Fest war in vollem Gange. Eine Musikgruppe folgte auf die andere und die Tänze waren abwechslungsreich. Auf der Straße vor dem großen Spektakel hielten die zwei Freunde kurz inne, ratlos angesichts dieser unerwarteten Konkurrenz. Aber als sie die köstlichen Speisen sahen, griffen sie zu ihrer Trommel und schlugen sie mit großem Eifer. Ihre Anstrengung trug bald Früchte. Die einen nach den anderen, die Tänzerinnen und dann die Männer, verließen ihre ursprünglichen Gruppen, um sich um die zwei Gelegenheitsmusiker zu scharen, die sich mit ihren Instrumenten verausgabten. Der Gastgeber, selbst durch die Schreie und Ausrufe neugierig geworden, kam, um zu schauen, was passierte. Man spielte, tanzte und schrie. Zu später Stunde endlich bat man die beiden Musiker, innezuhalten. Diese dankten dem Himmel, da sie vor Müdigkeit und Hunger schon zu wanken begannen. Yogbo stellte der neugierigen Menge sein Orchester vor und den zwei Freunden wurde für den Rest der Nacht eine Hütte zur Verfügung gestellt. Bald wurden ihnen Speisen aller Art in das Haus gebracht. „Der Gastgeber lässt die zwei Musiker wissen, sie sollten so viel essen, wie ihnen beliebt und eine friedliche Nacht verbringen", sagten ihnen die Frauen, die Trägerinnen der Speisen. Yogbo unterbrach sie mit ernster Miene. „Nein, Frauen! Ihr begeht einen großen Fehler! Habt ihr nicht die Nachricht der Trommeln verstanden?" Die verwunderten Frauen fragten ihn: „Und was sagten denn eure Trommeln?" „Die kleine Trommel, die von meinem Freund, dem Taubenmann, sagt: kpété kpété kpété kpété kpété! Kpété kpété kpété kpété kpété! Was bedeutet: Ich möchte von niemandem etwas annehmen, was auch immer es sei! Und meine große Trommel sagt ganz einfach, dass ich alles akzeptiere, was man mir anbietet!"

So kam es, dass der Taubenmann verstand, dass er verloren war. Von Anfang an hatte Yogbo alles ausgeheckt und erst jetzt wurde sich der Taubenmann dessen bewusst. Die Frauen verstanden also, dass einzig einer Person alle Speisen vorbehalten waren: Yogbo! Sie kehrten um, um den Gastgeber zu benachrichtigen und Adonoyogbo stürzte sich, ohne viel Zeit zu verlieren, auf die Speisen und verschlang sie eine nach der anderen. Der Taubenmann verzehrte sich lange vor Hunger und konnte keinen Schlaf finden. Yogbo schlief wie ein Stein, nachdem er üppig gegessen hatte und alle Teller und seine Finger sauber abgeleckt hatte.

Der Anbruch des Tages ließ nicht lange auf sich warten und die zwei Musiker bereiteten sich zum Aufbruch vor. Der Gastgeber aber erkannte den Dienst an, den sie ihm am Vortage erwiesen hatten und sagte: „Ich kann euch nicht einfach so gehen lassen, ohne euch das geringste Geschenk gemacht zu haben. Folgt mir nur!“ In der Mauer einer Hütte, die zu diesem Zweck erbaut wurde, hatte man zwei kleine Öffnungen gelassen, aus denen zwei Seile heraushingen: Das kleine Seil legte man gewöhnlich den Schafen um den Hals, das große den Rindern. Im Inneren der Hütte befanden sich in der Tat die zwei Tiere. Die Seile waren jedoch ausgetauscht worden. Die Hütte war gut geschlossen, so dass man nichts erraten konnte. „Wählt jeder ein Seil!“, rief er Yogbo und seinem Freund zu. Dieser sagte dem Taubenmann: „Hör mir gut zu! Du weißt, dass ich der Chef bin und auch, dass ich es gewesen bin, der dich hierher gebracht hat; ich behalte mir also vor, als erstes ein Seil auszusuchen.“

Mit diesen Worten sprang Yogbo auf das große Seil zu und zog mit all seiner Kraft. Ein sehr mageres Schaf, dem der Schreck schwer zugesetzt hatte, erschien. Erstaunt verharrte Yogbo mit offenem Mund. Als der Taubenmann an dem kleinen Seil zog, erschien ein dickes Rind. Der Taubenmann war außer sich vor Freude und sprang im Kreis. Yogbo kochte vor Eifersucht, schrie und protestierte, dass ein Fehler unterlaufen sei und man die Aktion nochmals von vorne beginnen müsse.

Entgegen allen Erwartungen akzeptierten die Dorfbewohner den Vorschlag. Aber anstatt das gleiche Manöver noch einmal durchzuführen, tauschten sie die beiden Seile aufs Neue aus und den Tieren wurde somit das jeweils andere Seil um den Hals gelegt. Aufs Neue verlangte Yogbo sein Recht als Oberhaupt und ergriff schnell das kleine Seil; und noch einmal fand er sich Nase an Nase mit dem kleinen, mageren Schäfchen, der Taubenmann aber mit dem Rind. Adonoyogbo musste die Fassung bewahren angesichts seines mageren Loses, da man gesagt hatte, der zweite Versuch sei der letzte. Aber er schwor sich, dass er Mittel finden würde, um dem Taubenmann sein großes, fettes Rind zu entreißen. Die zwei Kompagnons machten sich alsbald auf den Weg zu ihrem Dorf. Sie waren aber nicht weit gekommen, als das kleine Schaf plötzlich krank wurde. Yogbo sagte zu seinem Nachbarn, dem Taubenmann: „Geh du ruhig deines Weges weiter und warte an der nächsten Kreuzung auf mich“. Der Taubenmann zog weiter. Yogbo tötete sein Tier, aß es alleine auf und behielt schließlich dessen Zunge. Er ging zu seinem Freund. „Siehst du, mein lieber, ich musste mein Schaf töten, aber da du mein Freund bist, bewahre für mich seine Zunge in deinem Mund auf“.

Der Taubenmann akzeptierte dies, nahm die Zunge und legte sie unter seine eigene Zunge.

Die zwei Reisenden gingen weiter ihres Weges. Aber sie waren nicht weit gekommen, als Yogbo mit einem Mal zu seinem Freund sagte: „Taube, gib mir die Zunge zurück!“ „Br, br!“, gab der Taubenmann vor sich. „Hier hast du die Zunge!“ „Ach nein, nein behalte sie lieber doch! Behalte sie! Ich scherzte nur!“, erklärte Yogbo. Der Taubenmann legte die Zunge zurück in seinen Mund. Und ein zweites und ein drittes Mal verlangte Yogbo sein Stück Fleisch und jedes Mal, als der Taubenmann es ihm zurückgab, versicherte Yogbo, dass es sich nur um einen Scherz handle.

Die zwei Freunde liefen noch lange und erreichten schließlich eine Wasserstelle. Yogbo, der überhaupt keine Lust zu trinken hatte, schlug es trotz allem seinem Freund vor. Nachdem der Taubenmann lange abgelehnt hatte zu trinken, trank er schließlich doch, da Yogbo ihn von seinem Durst überzeugt hatte. So kam es, dass die Zunge des Schafes beim Trinken im Halse des Taubenmannes verschwand. Adononyogbo war sich fast sicher, dass er sein Ziel erreicht hatte und forderte kurz darauf sein Stück Zunge ein. Der Taubenmann, der sich in Gefahr glaubte, konnte das gerade Verschluckte nicht zurückgeben. Yogbo diskutierte nicht lange. Er eröffnete seinem Freund, dass er sich in dem traurigen Zwang befinde, ihm das Rind abzunehmen. Gesagt, getan! Yogbo bemächtigte sich des fleischreichen Tieres und begann alsbald, es zu verschlingen. Der sichtbar traurige Taubenmann bat seinen falschen Freund inständig, ihm wenigstens den Kopf des Tieres zu geben. Adononyogbo, der nicht wusste, was er verlor, gab ihm den Kopf und der Taubenmann verabschiedete sich. Yogbo zerlegte das Tier, verpackte das Fleisch in Palmenblätter und, seine Last auf dem Kopf, machte er sich wieder auf den Weg.

Der Taubenmann war nicht weit gegangen. Er hatte eine List gefunden, um Yogbo durcheinander zu bringen. An der Kreuzung angekommen, hatte er sich eine Kalebasse beschafft, sie ausgehöhlt und den Rinderkopf auf die so entstandene Öffnung gesetzt. Er hatte einen Graben ausgehoben, sich darin versteckt und hielt nun die Kalebasse in den Händen. Er drehte sie derart in alle Richtungen, dass die Augen des Rindes verdreht erschienen. Yogbo ließ nicht lange auf sich warten.

Als er das seltsame Etwas auf der Straße bemerkte, glaubte er, es handle sich um einen Fetisch. Er näherte sich also schnellen Schrittes und setzte seine Last ab.

„O, Heiligkeit, ich verneige mich!", rief er aus, sein Angesicht der Erde zugewandt. „Adonoyogbo, wo kommst du her?", gurrte der Taubenmann, den Rinderkopf hin und her schaukelnd. Yogbo fuhr vor Schreck hoch, als er seinen Namen vernahm. „Ach! Ich komme von meinem Felde, wo ich ein Rind gefunden habe, sieh hier das Fleisch." Der Taubenmann diskutierte nicht lange. Er schrie Yogbo zu, um das Seelenheil zu haben, müsse er die zwei Vorderhufe des Tieres geben. Yogbo gehorchte sogleich und richtete sein Angesicht wieder zu Boden. „O, Heiligkeit, die du alles siehst, was verlangst du noch?" „Die zwei Hinterhufe des Rindes" befahl der Fetisch. Yogbo gab ihm schließlich alle Stücke des Tieres, eines nach dem anderen. Er war wütend und verängstigt zugleich und wollte sich so schnell wie möglich von diesem Fetisch entfernen, der anfing, ihn ernsthaft zu beunruhigen: „O Heiligkeit, die du immer alles erhältst, was du willst, was forderst du nun?" „Ich wünsche Adonoyogbo!", rief der Fetisch aus. Von Panik ergriffen, flüchtete Yogbo und den Weg vergessend, der zu seinem Dorf führte, verschwand er im Busch. Zufrieden kletterte der Taubenmann aus dem Graben, sammelte alle Fleischstücke ein und kehrte in sein Dorf zurück.

Nachdem Yogbo Felder und Wälder durchquert hatte, kehrte er schließlich nach Hause zurück und schlummerte alsbald ein. Bei Sonnenuntergang wurde er von einem angenehmen Duft einer guten Soße geweckt, der aus der Hütte des Nachbarn, des Taubenmannes kam. Yogbo kündigte sich alsbald bei ihm an: „Welch guter Duft macht sich bei dir breit, mein Freund!" Der Taubenmann bat seine Frau, das Essen aufzutragen. Yogbo aß mit großem Appetit und ging dann seines Weges. Bei Sonnenuntergang versammelte der Taubenmann seine Frau und seine Kinder und erzählte von seinem Abenteuer mit Adonoyogbo. „Morgen", fügte er hinzu, „ versteckt ihr euch und ich werde Yogbo aufs Neue empfangen!"

Der Anbruch des Tages ließ nicht auf sich warten und, nachdem er seine Frau und seine Kinder gut versteckt hatte, fing der Taubenmann an, die Soße aufzuwärmen, die seine Frau am Vortag zubereitet hatte. Yogbo, aufs Neue durch den angenehmen Duft ermuntert, ließ nicht auf sich warten. Nachdem er von der Speise gekostet hatte, die man ihm vorgesetzt hatte, erkundigte er sich nach der Herkunft des Fleisches, wo doch gerade so schwere Zeiten herrschten. „Weißt du Yogbo", antwortete ihm der Taubenmann, „hast du die Abwesenheit meiner Frau und meiner Kinder bemerkt? Ich hatte so einen Hunger, dass ich sie alle getötet habe, um solch eine Speise zuzubereiten, wie du sie gerade gekostet hast." Yogbo machte sich Vorwürfe, dass er nicht vorher daran gedacht hatte, gab jedoch keine weitere Erklärung. Einmal heimgekehrt, schnappte er sich eine große Keule, sprang auf seine Frau und erschlug sie. Adonoyogbo tötete auf diese Weise seine Frau und all seine Kinder. Er bereitete ein riesengroßes Mahl und aß es ganz alleine.

Am nächsten Tag ging Yogbo frohen Mutes zu seinem Freund und erzählte von seiner Glanzleistung des Vortages. Der Taubenmann hörte ihm schweigend zu und schnipste mit den Fingern. Alsbald tauchte die Taubenfrau auf. Yogbo traute seinen Augen nicht und befragte seinen Freund, als dieser wieder mit den Fingern schnipste und die Taubenkinder zahlreich und lebendig erschienen. So setzte der Taubenmann zu einem Lied an:

Nyi kpó yo kpó wɛ́ zú xonton
yo ká wá blɛ́ mi, nyi lo ká blɛ́
coucouroucou, a mon vì cè à?
coucouroucou, a mon asì cè à?

Adonoyogbo und ich waren gute Freunde, aber er hat mich hereingelegt und ich habe ihn meinerseits auch hereingelegt.
Coucouroucou, siehst du meine Kinder?
Coucouroucou, siehst du meine Frau?

Die ganze Familie sang alsbald im Chor. So kommt es, dass seit diesem Tage alle Tauben, wenn sie ihre Unschuld in dieser Geschichte bekunden möchten, gurren: Coucouroucou! Coucouroucou!

Adonoyogbo hingegen verschwand, gedemütigt und wütend, ohne noch etwas zu verlangen.

19. Mensch und Panther in Gesellschaft (Fon)

Mein Märchen rollt, fliegt, fliegt und setzt sich schließlich auf ein Dorf, mitten in einem großen Wald.

Dort lebte ein Mann mit seiner Frau. Sie waren schon lange verheiratet, hatten jedoch kein Kind und das war ihre größte Sorge. Die Ehefrau, unterstützt durch ihren Mann, ertrug mehr schlecht als recht die Schimpfwörter und die Spottreden der Dorfbewohner. So nahm das Leben seinen Lauf. Eines Tages, wider alles Erwarten, wurde die Frau schwanger. Kurz darauf aber starb der Mann plötzlich und die Frau musste die Schwangerschaft alleine tragen, denn anstatt sie zu unterstützen, brachten die Dorfbewohner ihr Hass und Missachtung entgegen.

Hoffnungslos entschloss sie sich eines Tages, das Dorf zu verlassen. Sie ging in den Wald, ohne genau zu wissen, wohin sie wollte. Im Herzen des Waldes angelangt, ein von allen gefürchteter Ort, setzte sie sich zu Füßen eines Baumes. Die Zweige des Baumes berührten den Boden und die Dichte des Laubes verhinderte jedweden Blick auf die andere Seite. Kaum hatte sie sich gesetzt, da begann sie die Wehen zu spüren, sie fand jedoch niemanden, der ihr helfen konnte an diesem Ort, wo nur Tiere und große Bäume zusammen lebten. So traf es sich, dass ein vorbeilaufender Affe ihre Klage vernahm und ihr zu Hilfe eilte. Sie brachte einen kleinen Jungen zur Welt. Um ihren Sohn gut stillen zu können, musste die arme Frau jeden Tag in den Wald, um allerlei Früchte zu sammeln. Nur wusste sie nicht, dass auf der andren Seite des Baumes, den sie sich als Behausung ausgesucht hatte, eine Panthermutter ihr Junges zur Welt gebracht hatte. Auch diese, die kam und ging, um ihr Junges zu stillen, ahnte nichts von der Anwesenheit eines Menschen auf der anderen Seite des Baumes. Niemals war sie der jungen Mutter begegnet und seltsamerweise hatte sie auch nie den Weg zum Menschenkind eingeschlagen. Und dies galt auch für die Mutter des kleinen Jungen.

Während der Abwesenheit ihrer Mütter aber begegneten sich eines Tages der kleine Junge und das kleine Raubtier, die spielend durch die Gegend liefen. Sie spielten schließlich den ganzen Tag lang zusammen und wurden zu guten Freunden. Jeden Tag trafen sie sich und hatten ihren Spaß. Doch achteten sie darauf, vor ihren Müttern zu Hause zu sein.

Die Zeit verging. Die Kinder wurden größer und der kleine Panther wurde sich immer mehr bewusst, welche Gefahr sein Freund und dessen Mutter ausgesetzt waren, da sie doch so nah an ihrer Behausung wohnten. Als er seinem Freund diese Sorge mitteilte, wünschte sich dieser, dass solch eine ernste Lage nicht eintreten würde. So nahm das Leben seinen Lauf.

Eines Tages ging die junge Mutter Früchte sammeln. Da sie aber keine einzige fand, entschloss sie sich, sich in den anderen Teil des Waldes zu begeben, das Jagdgebiet des Panthers. Nichts ahnend von der Gefahr, in die sie lief, stieß die junge Frau bald auf das Raubtier, das sich auf sie stürzte, eine leichte Beute, die ihm die Sorgen einer erfolglosen Jagd nahm. Als die Panthermutter schließlich nach Hause kam, war ihr Kleiner über ihre sichtliche Freude erstaunt und fing an, sich Fragen zu stellen. Am nächsten Tag ließ das Kind den kleinen Panther von der langen Abwesenheit seiner Mutter wissen und dieser sah seine Vermutungen bestätigt. Tränen in den Augen, teilte er seinem Spielkameraden die traurige Nachricht mit. Im Namen ihrer Freundschaft entschied der kleine Panther, dass auch seine Mutter sterben sollte. So entschlossen sie sich, diese zu vergiften. Gesagt, getan! Sie begaben sich in den Busch und suchten nach einer giftigen Pflanze und mischten sie unter den Rest des Essens der Panthermutter. Als diese nach ihrer Mittagsruhe die Reste ihrer Beute verschlang, fiel sie auf der Stelle tot um. Die zwei Freunde beschlossen also, von nun an zusammen zu leben. Der junge Panther jagte und fing allerlei Wildtiere, die der junge Mann dann auf dem Markt verkaufte.

Eines Tages, als der Panther geduckt in seinem Versteck saß und auf die Rückkehr seines Freundes wartete, wurde er von den Dorfbewohnern entdeckt. Diese schlugen heftig auf ihn ein und dennoch schaffte es der Panther, der sich angesichts der zahlreichen Angreifer nicht verteidigen konnte, zu fliehen. Er starb in der Nähe des Baumes, an dem er einst geboren wurde. Vom Markt zurückgekommen, begab sich der junge Mann zum gewohnten Treffpunkt und rief vergeblich nach seinem Freund. Voller Sorge schlug er schließlich allein den Rückweg ein. Als er an seiner Behausung angekommen war, überfiel ihn angesichts des leblosen Körpers seines Freundes ein starker Schmerz gemischt mit tiefer Traurigkeit. Der junge Mann weinte derart um seinen treuen Gefährten, dass er darüber starb, so stark war ihre Freundschaft.

Ein wahrer Freund ist immer dazu bereit, ein Opfer zu bringen, sogar wenn es um das eigene Leben geht.

20. Adjignon und seine Talismane (Gun)

Mein Märchen läuft, rollt, fliegt und setzt sich schließlich auf Adjignon.

Einziger Sohn seiner Eltern war dieser kraftvolle Junge vaterverwaist. Dieser war gestorben, als sein Kind noch ein Baby war. Als er nun groß war, fragte Adjignon die Mutter nach seinem Vater. Diese meinte, dass ihr Sohn nun groß genug war, um die Wahrheit zu wissen und erzählte ihm alles. So lebten Mutter und Sohn in Frieden im väterlichen Dorf.

Der junge Adjignon hatte jedoch einige üble Neigungen. Tagsüber irrte er durch Felder und Dörfer und stahl hier und da Maniok, Mais und sogar Haustiere. Durch dieses unaufhörliche Hin und Her ihres Sohnes beunruhigt und nicht wissend, wo all diese Nahrung herkam, sagte ihm die Mutter: „Mein Kind, wo hast du denn all das her, was du nach Hause bringst?“ Offensichtlich verlegen antwortete der Junge: „Ich bitte dich, Mutter, hör auf, mich mit Fragen zu überhäufen!“ Die Mutter, die wohl ahnte, was ihr Sohn tat, erwiderte ihm: „Du tätest gut daran, mit aufs Feld zu kommen, anstatt hier und da das zu nehmen, was dir nicht gehört. Zu seinen Lebzeiten tat auch dein Vater so etwas nicht!“ Mit zerstreuten Ohren hörte Adjignon die Ratschläge und wurde davon nicht einmal berührt.

An einem anderen Tage, als er gerade dabei war, auf einem Acker eine Maniokwurzelknolle auszugraben, sah der junge Dieb einen älteren Mann auf sich zu kommen. Dieser sagte: „Wessen Wurzelknolle stiehlst du da?“ Verlegen antwortete Adjignon: „Nein, ich stehle doch gar nicht!“ Der Mann, der dem Jungen ganz und gar unbekannt war, hieß ihn aufstehen. „Hier hast du zwei Pferdeschweife: einen roten und einen weißen. Wenn du dich in Gefahr befindest und Hilfe brauchst, schlag den weißen Schweif auf den Boden; aber wenn du etwas für dein Vergnügen willst, tue dasselbe mit dem roten.“ Mit diesen Worten legte der Mann den weißen Schweif in die linke Hand des Jungen und den roten

Schweif in seine rechte; dann ging er fort.

Um die Wirksamkeit seiner neuen Kraft zu prüfen, schlug Adjignon alsbald mit allen Kräften den roten Schweif auf den Boden. Da erschienen ein schönes Haus, eine schöne Frau und ein Pferd. Der junge Mann setzte die Frau auf das Tier, bestieg es selbst und ritt davon. Dank seiner beiden Talismane wurde Adjignon sehr reich und sehr mächtig. Er ließ auch für seine Mutter eine Festung bauen und ihr Leben veränderte sich von Grund auf. Das Vermögen des Jungen rief jedoch nicht nur Bewunderer hervor, sondern auch Neider. In der Tat rivalisierte Adjignon bald um Reichtum und Macht mit dem Dorfkönig. Als dieser von der Existenz eines jüngeren, reicheren und mächtigeren Untertanen in seinem Königsreich erfuhr, wurde er darüber sehr erbittert. Eines Tages, als er diese missliche Lage nicht weiter aushalten konnte, ließ der König drei Männer seiner Leibwache kommen und befahl ihnen: „Geht und bringt mir sofort diesen Flegel!“ Gesagt, getan! Die Leibwächter des Königs machten sich auf die Suche nach Adjignon.

Nun hatte dieser, nachdem er seine Festung gebaut hatte, darauf einen roten Hahn gesetzt. Tatsächlich sollte dieses Tier ihn warnen, wenn es eine Gefahr im Umkreis erblickte.

So sah der Hahn an jenem Tag die drei Leibwächter des Königs, die in die Richtung seiner Behausung eilten. Er machte sich sofort daran, zu singen, Adjignon warnend, sein Glück sei in Gefahr und man wolle ihn angreifen. Der junge Mann ließ keine Zeit verstreichen. Er trat sofort in sein Zimmer und kam mit dem weißen Pferdeschweif heraus, den er heftig gegen den Boden schlug. Einer nach dem anderen fielen die drei starken Leibwächter des Königs auf der Stelle tot um. Als der König von der Frechheit seines Rivalen und dem Tod seiner Leibwächter erfuhr, änderte er sein Vorgehen. Er entschied, seine Tochter zu schicken, um die Geheimnisse des jungen Mannes aufzudecken. Kein Mann, sagte er sich, kann dem Reiz meiner Erbin widerstehen.

Als der Hahn das liebreizende Mädchen von weitem kommen sah, fing er an zu singen, Adjignon vor der Gefahr warnend. Dieser, nachdem er sich der Tür genähert und die junge Prinzessin gesehen hatte, sagte eilig zum Hahn: „Nein, sei ruhig, da irrst du dich! Was dort kommt, um an unsere Tür zu klopfen, ist eher das Glück." Der Hahn schwieg und Adjignon empfing das reizende junge Mädchen sehr zuvorkommend. Die beiden jungen Leute lernten sich kennen, aßen und vergnügten sich den ganzen übrigen Tag lang. Es wurde schließlich Nacht und damit Zeit, zu Bett zu gehen. Adjignon wollte die Wonne dieser schönen Gestalt genießen, die neben ihm lag. Die junge Prinzessin erklärte sich jedoch dagegen, indem sie vorgab, dass die Sitte es den jungen Verlobten verbot, sich bei ihrer ersten Begegnung, anzunähern. „Verrate mir eher deine Herkunft", sagte sie „das Ausmaß deines Reichtums und die Geheimnisse deiner Macht." Begeistert von der zarten Stimme dieser traumhaften Gestalt offenbarte sich Adjignon ihr. So enthüllte er ihr, dass die zwei Pferdeschweife die Quelle seiner Reichtümer und seines Ruhmes waren.

Die junge Frau wartete, bis Adjignon eingeschlafen war, erhob sich vorsichtig vom gemeinsamen Bett und, in das Nebenzimmer eindringend, nahm sie sich die zwei Talismane. Sodann kam sie wieder zurück, schlug den weißen Schweif auf den Boden und Adjignon schlief noch fester. Sie trat aus dem Haus, bediente sich des roten Schweifes, um ein Pferd erscheinen zu lassen und flüchtete zu ihrem Vater zurück. Zufrieden überschüttete der König sie mit Segnungen.

Am nächsten Tag, beim ersten Hahnenschrei, schickte er drei seiner Männer los, um Adjignon zu suchen. Dieser, von der Gefahr gewarnt, sprang von seinem Bett auf, trat in das Nebenzimmer, fand aber seine Talismane nicht wieder. Die Wächter ergriffen und fesselten den Unvorsichtigen und brachten ihn zum König. Dieser war sich der Schwäche seines Gefangenen bewusst und gab ihm sofort zwei heftige Ohrfeigen: „Du Schwächling, der du es wagst, mir Widerstand zu leisten! Durch dich ist meine Autorität in meinem Königsreich gesunken. Nun unterliegst du meiner Macht!" Mit diesen Worten befahl der König seinen Männern, ein großes Loch zu graben und den Unverschämten hineinzuwerfen. Gesagt, getan!

Das Loch wurde dann so geschlossen, dass nur der Oberkörper des Jungen im Freien war. So waren Adjignons Kopf, Brust und Hände der Heftigkeit der Gewitter und den starken Sonnenstrahlen ausgeliefert.

Ab und zu kam die junge Prinzessin vorbei und warf ihm die Reste ihres täglichen Essens zu. Der König seinerseits ließ sich des Öfteren mit seiner Familie unter dem Baum nieder, der in der Mitte des Dorfes stand, um seinen Sieg auszukosten. Von dort aus konnte er seinen Gefangenen sehen und verfluchen.

Eines Tages, als die ganze königliche Familie unter dem großen Baum versammelt war, weinte die kleine Prinzessin und bestand darauf, man solle ihr die zwei Pferdeschweife geben. Erst verweigerten dies die Eltern, schließlich aber erhielt das Kind doch die zwei Talismane und fing an, sich an ihnen zu erfreuen.

Die Zeit verging und die königliche Familie schlief schließlich ein. Von seinem Gefängnis aus machte Adjignon dem spielenden Kind ein Zeichen, es solle zu ihm kommen. Dieses gehorchte sofort und der junge Mann bekam seine Pferdeschweife zurück. Er schlug den weißen heftig auf den Boden und entkam dem Loch. Auf der anderen Seite gingen der große Baum und der königliche Palast plötzlich in Flammen auf. Nur Adjignon und die kleine Prinzessin überlebten. Adjignon bediente sich nun des zweiten Schweifes und begab sich im Galopp, begleitet von dem Mädchen, ins Dorf zurück.

Als sie das heiratsfähige Alter erreichte, vermählte sie sich mit einem schönen Mann und die Brautleute ließen sich im Palast nieder, den Adjignon für die Königstochter erbauen ließ.

Deshalb sollte man als Herrscher seine Macht nicht übertreiben.

21. Der König, der Fischer und der Ring (Fon)

Mein Märchen rollt, rollt, fliegt und setzt sich schließlich auf ein Königreich.

In diesem Königreich lebte einst ein liebreizendes Mädchen, dessen beeindruckende Schönheit keinen Mann gleichgültig ließ. Sogar der König war von ihr bezaubert. Der König konnte aber das schöne Mädchen nicht heiraten, weil es die Frau eines Fischers war. Schließlich fand er jedoch ein Mittel, um sich die Schöne zu eigen zu machen. Der reiche Monarch ließ den Fischer zu sich rufen und sprach zu ihm: „Schau, hier hast du einen Ring von großem Wert. Ich vertraue ihn dir an, aber wisse, dass du ihn mir zurückgeben musst, wenn ich dich darum bitte.“ Der Fischer verstand zuerst nicht, was der König beabsichtigte und erzählte seiner Frau, was sich zugetragen hatte. Sie versteckten den Ring schließlich an einem sicheren Ort.

Die Tage vergingen, die Nächte auch. Eines Morgens, als der Fischer sehr weit draußen auf dem Fluss seiner täglichen Arbeit nachging, ließ der König die junge Frau in seinen Palast rufen. Er richtete folgende Worte an sie: „Frau, wenn es dir gelingt, den Ring, den ich deinem Ehemann anvertraut habe, ausfindig zu machen und zu mir zu bringen, wirst du Königin werden und über zwei Drittel meines Reiches regieren.“ Durch dieses Versprechen geschmeichelt und verführt, machte sich die junge Frau schnell auf den Weg nach Hause, um dem König den kostbaren Ring zu bringen.

Seinen Plan im Kopf, begab sich der König schnell zum Fluss und warf das Schmuckstück auf den Grund des Wassers. Als ein großer Fisch vorbeischwamm und den glänzenden, ungewohnten Gegenstand erblickte, verschlang er ihn sofort. Einige Tage später rief der König alle Dorfbewohner zu einer großen Versammlung im königlichen Palast zusammen. Auch ließ er den Fischer wissen, dass er bei dieser Gelegenheit seinen Ring zurückhaben wolle. Zu Hause angekommen suchte der Fischer vergeblich nach dem Ring.

Er fragte seine Frau, aber diese gab vor, über das plötzliche Verschwinden des wertvollen Schmuckstückes nichts zu wissen. Zu dieser Zeit aber war das Los derer, die ihre Verpflichtung gegenüber dem Herrscher nicht einhielten, wohl bekannt: Es drohte ihnen die Enthauptung. Der arme Fischer wusste, dass er verloren war und entschloss sich, ein letztes Mal fischen zu gehen. Nach mehreren fruchtlosen Versuchen fing er schließlich einen großen Fisch, den er alsdann nach Hause brachte.

Kaum hatte er die Schuppen entfernt und den Fisch aufgeschlitzt, da entdeckte er etwas Glänzendes und Rundes: den Ring. Erstaunt, dann voller Glück, machte er sich unverzüglich auf den Weg und kam als letzter im Palast an. Dort sah der Fischer mit großem Erstaunen seine Frau, prachtvoll eingekleidet und neben dem Königsthron stehend. Nachdem sich der König der Anwesenheit aller Bewohner des Dorfes versichert hatte, ergriff er das Wort und sprach mit würdevoller Stimme: „Liebe Bewohner des Königreiches, vor einigen Monaten habe ich unserem Fischer einen wertvollen Ring anvertraut, damit er ihn sicher verwahre. In Wirklichkeit handelte es sich dabei um eine Probe, die ich ihm auferlegt habe, weil er sich nicht für die königlichen Angelegenheiten interessierte. So wollte ich sehen, ob dieser Untertan fähig ist, auf jenen königlichen Gegenstand aufzupassen, oder ob er es wagen würde, diese Aufgabe zu vernachlässigen. Wenn er mir den Ring zurückgibt, überlasse ich ihm meinen Thron. Wenn er jedoch an dieser Aufgabe gescheitert ist, lasse ich ihn durch meine *Migan*[7] enthaupten und seine Frau wird die meinige.“ Auf diese Worte ihrer Majestät antwortete die Menge mit großem Beifallssturm. Überzeugt davon, dass sein abscheulicher Plan aufgehen würde, wandte sich der König nun langsam an den Fischer und sprach mit ernstem Ton: „So gib mir also den Ring zurück!“ Der Fischer, der sich nun des Verrates seiner Frau bewusst war, übergab ihm das wertvolle Stück. Der König war sehr überrascht und blieb einen Augenblick sprachlos.

[7] Migan ist ein Begriff aus der Fon-Volksgruppe und bedeutet hier die Henker des Königs.

Er wusste nicht, was zu tun war, hatte jedoch sein Versprechen gegeben. Er setzte also seine Krone ab und übergab dem Fischer seinen Thron und sein Königreich. Die Verräterin wurde jedoch auf der Stelle geköpft und ihr Blut floss auf den Boden. Der Entthronte lief durch das Blut hindurch und wurde wieder zum einfachen Untertanen.

Deshalb sollte man seiner Frau niemals alle seine Geheimnisse anvertrauen. Sie könnte sie verraten.

22. Die zwei Brüder (Fon)

Mein Märchen rollt, rollt und setzt sich schließlich auf zwei Brüder.

Nachdem der Tod ihr ein Kind nach dem anderen genommen hatte, blieben einer armen Mutter nur noch zwei Söhne. Bei der Geburt ihrer Kinder beschlossen die Eltern, ihren Kindern keinen Namen zu geben. So kam es, dass die beiden Brüder namenlos aufwuchsen.

Als sie aber groß genug waren, um selbst Entscheidungen zu treffen, ließen die Eltern sie eines Tages in ihrer Hütte Platz nehmen und fragten sie: „Wie möchtet ihr nun genannt werden?" Eines der beiden Kinder ergriff das Wort und antworte: „Ich werde mi do ná no mètogbéji heißen, was bedeutet: Wir müssen unseren Eltern Vertrauen schenken." Der zweite sprach: „Ich möchte, dass man mich mi do ná no mahugbéji nennt, was bedeutet: wir müssen Gott vertrauen." Bei dieser Erklärung ließ der Vater sie sofort wissen, dass der erste Sohn, in diesem Falle mi do ná no mètogbéji, sein Lieblingssohn sei. Was mi do ná no mahugbéji betraf, so werde er vernachlässigt werden. Die zwei Brüder wuchsen weiter auf, der eine umsorgt, der andere im Stich gelassen.

Eines Tages beschloss der Vater, seinen geliebten Sohn mi do ná no mètogbéji in ein weit entferntes Dorf zu schicken, um Einkäufe zu machen. Bevor sich der junge Mann jedoch auf den Weg machte, sagte seine Mutter: „Schau, mein Sohn, hier hast du eine Yams-Wurzel für deine Reise! Ich habe leider nichts Besseres, das ich dir geben kann." Mi do ná no mètogbéji nahm die Yams- Wurzel und machte sich auf den Weg. Er lief lange und durchquerte zahlreiche Dörfer. Jedes Mal aber, wenn er an einem Ort Halt machte, um dort die Nacht zu verbringen, nahm ihn sein Gastgeber freundlich auf und so konnte der junge Mann seine Wurzel für den Rest des Weges aufbewahren.

Eines Tages nun hatte er Hunger und fand nichts zu essen. So entschloss er sich, seinen Yams zuzubereiten. Als er aber sein Messer ansetzte, verwandelte sich die Ignam- Wurzel in einen Berg von

Reichtümern. Der junge Mann wurde auf diese Weise sehr reich und kräftig. Er heiratete alsbald und hatte viele Untertanen, die ihm nun zu Diensten waren. Währenddessen war das Leben im Dorf des Vaters sehr schwierig geworden und der junge Mi do ná no mahugbéji legte sich oft mit leerem Bauch schlafen. So kam es, dass er sich entschloss zu schauen, was aus seinem Bruder geworden war, da dieser auf sich warten ließ.

Der junge Mann reiste ganze Tage und Nächte. Am Wohnsitz seines Bruders angekommen, war er sehr erstaunt, dass dieser so reich, stark und allseits bekannt geworden war. Mi do ná no mahugbéji kündigte sich alsbald bei seinem Bruder an. Er war stolz und überglücklich, dass sein Elend und das seiner Eltern bald ein Ende haben würde. „Was machst du hier?", fragte ihn Mi do ná no mètogbéji wenig einladend. „Wir leiden im Dorf derart, dass ich mich entschlossen habe, dich aufzusuchen, um an etwas zu essen zu kommen", antwortete ihm sein Bruder, der über den eher kühlen Empfang seines Bruders erstaunt war. „Geh doch auf den Müllberg", hielt dieser ihm entgegen, „dort wirst du sicherlich Fleischstücke finden, die wir gerade weggeschmissen haben." Vor Hunger zernagt ging Mi do ná no mahugbéji der Aufforderung sofort nach und aß die Stücke einer Mahlzeit, die er hier und da auf dem Unrathaufen finden konnte. Die Tage vergingen und Mi do ná no mahugbéji ernährte sich noch immer von den Essensresten seines Bruders.

Eines Tages schickte der Vater, der in großer Sorge um seine Kinder war, die Nachricht, er sei verstorben. „Wenn meine Söhne diese Nachricht vernehmen, werden sie sicherlich ins Dorf zurückkehren", sagte er sich. Weil Mi do ná no mètogbéji der erste war, der die traurige Nachricht erhielt, ging er zu seinem Bruder, damit er sich möglichst schnell in das Dorf begebe. „Beeile dich, dorthin zu kommen, ich werde mich ohne dich mit meinen Pferden auf den Weg machen." Nachdem er diese Worte gesprochen hatte, bereitete sich der reiche Mi do ná no mètogbéji lange und ausführlich auf die Reise vor. Er kam bald im Dorf an, im Gegensatz zu seinem armen Bruder, der sich verspätete. Als er bemerkte, dass sein Vater noch am Leben war, verteilte das reiche Kind alles, was er mitgebracht hatte und zog schnell wieder ab. Auch diesmal wollte ihm die Mutter eine Yams- Wurzel schenken und so sprach sie zu ihm: „Geh, lieber Sohn, bereite diese Wurzel zu und esse sie mit deiner Frau und deinen Kindern."

In seiner Festung angekommen, warf der junge Mann die Yams-Wurzel unter sein Bett und vergaß sie alsbald. Die Wurzel blieb dort so lange, bis sie zu faulen begann. Mi do ná no mahugbéji blieb nicht im Dorf seines Bruders, sondern folgte ihm wie gewöhnlich auf der Suche nach etwas Essbarem. „Geh doch zu den Resten! Du wirst dort einige Yams-Wurzeln finden, die meine Diener gerade weggeschmissen haben!" Der junge Mann ging also, fand die halb verfaulte Wurzel und nahm sie an sich. Sodann zündete er ein Feuer an, um die Wurzel zuzubereiten. Als er aber das Messer ansetzte, verwandelte sich diese in einen großen Berg von Reichtümern. Mi do ná no mahugbéji wurde also reich, sehr reich und überragte seinen Bruder an Ansehen. Er ließ sich in dieser Gegend nieder und bald sprach man nur noch von dem Geschick und der Güte dieses jungen Mannes. Mi do ná no mètogbéji hingegen begann, all seine Güter zu verlieren und seine Reichtümer verminderten sich sehr schnell und waren bald erschöpft.

So kam es, dass er, als er alles verloren hatte, sich eines Tages dazu entschloss, seinen Bruder aufzusuchen. Als er sich jedoch daran erinnerte, wie schlecht er diesen behandelt hatte, war er sehr besorgt. Gegen alle Erwartungen empfang Mi do ná no mahugbéji seinen Bruder jedoch sehr herzlich. Eines Tages erreichte sie die Nachricht des Todes ihres Vaters. Mi do ná no mahugbéji kümmerte sich mit Hilfe seines Bruders um alle Zeremonien, die vorzubereiten waren. Als die Beerdigung beendet war, nahmen die beiden Kinder ihre Mutter mit sich in Mi do ná no mahugbéjis Festung.

Deshalb sollte man, wenn man reich ist, nicht jene vergessen und schlecht behandeln, die sich in Schwierigkeiten befinden, denn das Leben ist wie Schilf, das nach Belieben des Windes hin- und her schwingt.

23. Yogbo und die Hyäne (Fon)

Mein Märchen fliegt, fliegt und setzt sich auf Yogbo.

Zu jener Zeit waren Adonoyogbo und die Hyäne gute Freunde. Unerwarteter Weise wurde der Schwiegervater der Hyäne eines Tages sehr krank. Alle Heilmittel, die der Heiler zubereitete und ihm ans Krankenbett brachte, waren vergebens. Die Leiden des Schwiegervaters verschlimmerten sich von Tag zu Tag. Als man die Hyäne davon unterrichtete, zeigte sie sich sehr traurig. Nach mehrmaligen, vergeblichen Versuchen ließ man einen unvergleichlichen Heiler aus einem weit entfernten Land rufen. Dieser befragte sein Orakel und offenbarte, dass das Leiden des Schwiegervaters einzig durch ein Opfer mit frischem Blut für den Fetisch des Heilers zu heilen sei.

Angesichts dieser hoffnungslosen Lage senkte die ganze Familie des Kranken den Kopf. Ein solches Opfer war keine leichte Angelegenheit. Zum Erstaunen aller jedoch erklärte sich die Hyäne bereit, innerhalb eines Tages eine passende Person zu finden. Die Versammlung war entzückt vor Freude und man überschüttete die unerwartete Heldin mit Lobpreisungen. Die Hyäne verabschiedete sich von allen und begab sich in das Dorf ihres Freundes Adonoyogbo. Sie fand diesen ausgestreckt vor seinem Haus und richtete folgende Worte an ihn: „Mein lieber Freund, mein Schwiegervater gibt an diesem Tage ein Fest für all seine Schwiegersöhne. Natürlich bin auch ich geladen und ich würde mir Vorwürfe machen, wenn ich dich nicht an dieser großen Feier teilhaben lassen würde!“ Yogbo ließ sich nicht zweimal bitten.

Er sprang von seinem Sitz auf und rief, sie hätten schon zu viel Zeit verloren und sollten sich schleunigst auf den Weg zum Dorf des Schwiegervaters machen.

Die Hyäne erwiderte ihm jedoch: „Geduld, mein Freund! Wir haben alle Zeit der Welt! Ich habe einen Vorschlag: Wir tragen uns abwechselnd auf dem Kopf und binden uns mit dieser Kordel fest.“ Yogbo verstand die Absicht dieser Akrobatik nicht ganz, akzeptierte den Vorschlag jedoch, da er nichts als das Festmahl im Kopf hatte. Die Hyäne band Yogbo also fest, setzte ihn auf ihren Kopf und trug ihn einige Kilometer. Anschließend war Yogbo an der Reihe seinen Freund festzubinden und zu tragen. Dieses Spiel verfolgten sie einen großen Teil der Strecke. Einige Meilen vom Dorf des Schwiegervaters entfernt jedoch band die Hyäne Yogbo so fest, dass dieser nicht einen Finger mehr krümmen konnte. Yogbo wunderte sich über den plötzlichen Wandel der Prozedur, ließ dies seinen Freund wissen, der ihm jedoch versicherte, dass alles bestens sei. Die Hyäne wurde im Dorf des Schwiegervaters mit lauten Schreien begrüßt und die Freude stieg ins Unermessliche. Man half ihr, ihre Last abzusetzen. Yogbo verstand nicht, was ihm widerfuhr, aber er stellte fest, dass vom Festmahl nichts mehr übrig war. Mit Hilfe seiner Helfer schickte der Heiler sich an, Yogbo loszubinden. Die Hyäne aber protestierte und meinte, es wäre besser Yogbo gefesselt zu opfern. Der Heiler versicherte aber, dass die Tradition es verbot, eine gefesselte Person zu opfern. Kurz nachdem der Heiler Yogbo von seinen Fesseln befreit hatte, floh Yogbo und jagte der Hyäne nach.

Ihr Spiel dauerte einige Stunden. Erschöpft und außer Atem kletterte die Hyäne auf einen Baobab und suchte in der Baumkrone Zuflucht. Yogbo legte sich zu Füssen des Baumes und lauerte darauf, dass der ehemalige Freund absteigen werde. Bald war die Hyäne mit ihren Kräften am Ende. Wissend, dass sie sich nicht mehr lange halten konnte und dass es auch nicht sonderlich wünschenswert war, Yogbo direkt in die Hände zu fallen, fand sie eine List, um die Wachsamkeit des Freundes, der nun ein Feind geworden war, zu täuschen. Sie gab vor, von weitem Assouka zu sehen, den Furcht erregenden Jäger der Gegend, der Yogbo einiges vorzuwerfen hatte. Dieser hatte ihm einmal seine ganze Beute gestohlen. Die Hyäne fing an zu schreien: „Ah! Assouka, Du bist es! Komm doch her! Komm schnell, Yogbo befindet sich zu Füßen dieses Baumes!“ Diese Worte vernehmend, setzte sich Yogbo auf, nahm die Beine in die Hand und flüchtete. Lieber ließ er die Hyäne entkommen als in den Armen des Jägers zu landen!

Die Hyäne konnte endlich vom Baum hinabsteigen und flüchten. Sie war jedoch nicht sehr stolz, denn durch diese Geschichte hatte sie einen Freund und das Vertrauen ihrer Familie verloren.

Yogbo hingegen hat aus diesem Missgeschick gelernt, dass er sich von nun an seine Freunde besser aussuchen muss und dass er nicht immer seiner Gier freien Lauf lassen soll.

24. Yogbos Missgeschick (Fon)

Mein Märchen rollt, rollt und setzt sich schließlich auf ein Dorf, irgendwo in einer weit entfernten Gegend.

Dort lebten einst Yogbo und sein Freund, ein kühner Jäger. Dieser war so geschickt, dass kein einziges Tier seinen scharfen stählernen Pfeilen entkommen konnte. Adonoyogbo hingegen ging keiner Tätigkeit nach, lief lieber umher, aß hier und da etwas und faulenzte den lieben langen Tag.

Eines Tages begab sich der Jäger wie gewöhnlich in den Busch. Seltsamerweise aber erjagte er kein einziges Wild. Alle Bemühungen, ein Tier zu erspähen und zu erlegen, waren vergebens. Erstaunt schrieb er sein Unglück schließlich seiner Müdigkeit zu und entschloss sich, sich etwas zu erholen, um wieder zu Kräften zu kommen. Dazu kletterte er geschickt auf einen großen Baum und fand einen bequemen Platz im Laub dieses riesigen Baumes. In der Tat erhob sich der Baum über die ganze Gegend und der Jäger konnte von diesem Versteck aus alles beobachten, was sich im Umkreis ereignete. So begab es sich, dass die Aufmerksamkeit des Jägers von etwas Merkwürdigem angezogen wurde, was sich in diesem großen Wald abspielte.

Mitten in einer Lichtung ragte ein Haus aus Steinen, welches die Behausung der Yehwezogbanos[8] war, hervor. Diese kamen gerade von der Jagd zurück und trugen große, mit Fleisch gefüllte Taschen bei sich. Als sie nun vor der Tür standen, gaben sie ein geheimnisvolles Wort von sich: „Abigungun!“ Daraufhin öffnete sich die Tür und einer nach dem anderen traten die sonderbaren Wesen in ihr Haus. Dann folgte eine mysteriöse Formel: „Abilaun!“. Im gleichen Augenblick schloss sich die Tür wieder. Verblüfft hielt der Jäger seinen Atem an, entschlossen zu schauen, was noch vor sich

[8] Yèhouézogbanon bedeutet wörtlich: der Geist mit dreißig Hörnern und bezeichnet eine merkwürdige Figur mit außerordentlichen Charaktereigenschaften und Erscheinungsformen in zahlreichen Märchen in Südbenin.

ging. Kurz darauf öffnete sich die Tür plötzlich wieder und die Yehwezogbanos kamen aus ihrer Festung. „Abilaun!“ ertönte es und die Tür schloss sich wieder. Sobald jene, die anscheinend zurück zur Jagd wollten, sich entfernt hatten, stieg der furchtlose Jäger gekonnt von seinem Versteck hinab und eilte schnellen Schrittes zum sonderbaren Haus.

Vor der Tür angekommen blieb er ein Weilchen unentschieden stehen, dann rief er: „Abigungun!“ Das Tor öffnete sich, der Jäger trat ein und traute seinen Augen nicht. Hier und da lagen große gebratene Fleischstücke, die einen angenehmen Duft verströmten. Der Jäger ließ keine Zeit vergehen. Er nahm sich so viele Keulen, wie sie in seine Jagdtasche passten und trat kurz darauf hinaus. „Abilaun!“ rief er und das Tor fiel sofort zu.

Zu Hause angekommen, würzte der Jäger das Fleisch und machte sich daran, reichlich zu speisen. Zu dieser Zeit herrschte nun eine große Hungersnot. Ausgehungert und kraftlos schleppte sich Yogbo, der bloß noch aus Haut und Knochen bestand, mühsam bis zum Haus seines Freundes. Dem Haus entströmte ein Duft, der ihm bekannt vorkam. Ohne zu klopfen trat Yogbo ein und stürzte sich unaufgefordert auf das gebratene Fleisch. Nachdem er einige Stücke verschlungen hatte, fragte Yogbo, der nun durch das ausgiebige Essen gekräftigt war: „Wo hast du denn all dieses Fleisch gefunden, wo doch gerade so schwere Zeiten herrschen?“ Der Jäger erzählte Yogbo sein unglaubliches Abenteuer. Da bat ihn Yogbo, nachdem er seinem Freund geschmeichelt und ihm nochmals ihre innige Freundschaft ins Gedächtnis gerufen hatte, ihn bis zur Behausung der Yehwezogbanos zu führen. Gesagt, getan!

Die beiden Freunde machten sich auf den Weg. Der Jäger aber, der seinen Freund Adonoyogbo wohl kannte, warnte ihn vor jeder Unvorsichtigkeit und empfahl ihm, sich zu gedulden. Als sie in der Nähe des Hauses angekommen waren, versteckten sie sich im Laub eines Baumes und warteten so lange, bis die Bewohner sich auf die Jagd machten.

Nach einem Weilchen waren die Yehwezogbanos immer noch im Haus und Yogbo, der seit langem den Duft des gebratenen Fleisches roch, verlor seine Geduld: „Treten wir ein und jagen wir sie heraus!“, knurrte er seinen Gefährten an. Dieser beschwichtigte ihn und rief ihn noch einmal dazu auf, sich zu gedulden. Die Yehwezogbanos kamen schließlich aus ihrem Hause heraus und verschwanden im Wald. Sie waren aber noch nicht weit entfernt, da begann Yogbo, seinen Freund zu drängen, er habe schon zu viel Zeit verloren. Der Jäger bat ihn noch ein Weilchen zu warten, bis die Yehwezogbanos sich endgültig entfernt hätten. Der unwillige Yogbo wartete noch einen Augenblick, verlor schließlich aber jede Geduld und sprang mit einem Mal vom Baum herab. Sein Freund hatte keine Wahl mehr, er folgte ihm.

Vor der Tür rief Yogbo: „Abigungun!“ Die Tür öffnete sich und die beiden traten ein. Darauf rief er „Abilaun!“ und sie schloss sich wieder. Entzückt sprang Yogbo in die Höhe, als er die vielen Fleischkeulen sah, die hier und da auf dem Boden lagen. Der Jäger hingegen füllte seine Jagdtasche und war bald im Begriff, den Platz zu räumen. Er hielt also Yogbo dazu an, nun aufzubrechen, aber vergebens. Dieser war sehr beschäftigt. Er besichtigte alle Bereiche der Höhle und verschlang alles, was er finden konnte. Der Jäger versuchte Yogbo zu erklären, dass die Yehwezogbanos, die für ihre Grausamkeit wohlbekannt waren, sehr bald zurück kämen und sie sollten sich nun endlich auf den Weg machen. Yogbo rief ihm zu, er sei ein Feigling und fügte hinzu: „Geh ruhig allein ins Dorf zurück, lieber Freund, ich komme später nach.“ Da er merkte, dass sein gefräßiger Freund nicht nach Hause zurückkehren wollte, nahm der Jäger seine Tasche, sagte das Zauberwort, ging hinaus, machte das schwere Tor wieder zu und ging fort. Allein zurück geblieben, schlang Yogbo die Fleischkeulen hinunter. Als er sich schließlich satt gegessen hatte und keinen Platz mehr in seinem Bauch fand, entschloss auch er sich aufzubrechen.

Vor der Tür aber versuchte Yogbo vergeblich, sich an das Zauberwort zu erinnern, das die Tür öffnete, die ihn nun in der Höhle einsperrte. Als er schließlich glaubte, sich des Zauberworts entsinnen zu können, rief er mit aller Kraft: „Abilaun! Abilaun!“ Dies war jedoch das Wort zum Verschließen des Tores und jedes

Mal, wenn Yogbo es ausrief, keilte es sich noch ein wenig fester zu. Genau in diesem Augenblick kamen die Yehwezogbanos von der Jagd zurück. Adonoyogbo wusste, dass er verloren war. Der Führer der Waldherren war erstaunt, dass die Tür sich nicht öffnete, als er es von ihr forderte. Er musste das Wort noch einmal wiederholen. Als die Tür endlich nachgab, traten die Yehwezogbanos ein und merkten, dass während ihrer Abwesenheit in ihre Wohnung eingebrochen worden war. Da sagte der Jüngste unter ihnen: „Mèmun do mèmè“, „Ich rieche Fleisch!“ Emsig fingen sie an, die ganze Höhle zu durchsuchen. Bald entdeckten sie den Unverschämten, der sich hinter einem großen Keulenhaufen versteckt hatte. Dort hervorgetrieben, wusste Yogbo weder ein noch aus. Er merkte jedoch, dass die rasenden Blicke der Yehwezogbanos auf nichts Gutes hindeuteten. Sie fesselten den Fleischdieb und verprügelten ihn. Dann ließen sie ihn gegeißelt im Haus zurück und machten sich wieder auf die Jagd, in der Hoffnung Yogbo zum Abendessen fressen zu können.

Inzwischen wartete Mutter Yogbo besorgt auf ihren Sohn und hatte sich zum Jäger begeben, um eine Erklärung zu erhalten. Dieser erzählte ihr die ganze Geschichte. Die Mutter wollte jedoch nichts davon wissen und begab sich sofort zum Dorfkönig, um sich zu beschweren. Dieser ließ sofort den Jäger rufen und richtete folgende Worte an ihn: „Wenn Du Yogbo nicht vor Sonnenuntergang findest und herbringst, wirst du mit deinem Leben zahlen!“ Die Entscheidung des Königs war ohne Berufung und der arme Jäger verfluchte seinen Freund und suchte schließlich einen machtvollen Bokonon auf. Dieser gab ihm eine Trommel, lehrte ihn einen geheimnisvollen Rhythmus, erklärte ihm, was zu tun sei und ließ ihn gehen. Der Jäger stellte sich also in der Nähe des Weges auf, den die Waldherren gewöhnlich nahmen. Diese waren gerade auf dem Weg zu ihrer Behausung. Als sie nun ganz in seiner Nähe waren, fing der Jäger an, mit aller Kraft auf seine Trommel zu schlagen, wie der Bokonon es ihn gelehrt hatte. Da waren die Yehwezogbanos plötzlich besessen und fingen an, feurig zu tanzen.

Nach einem Moment hörte der geheimnisvolle Musiker zu spielen auf. Die Yehwezogbanos, die seine Musik sehr geliebt hatten, baten ihn doch weiter zu spielen. Der Jäger willigte ein, fügte aber hinzu, dass sie ihm zunächst ein Schaf geben müssten. Sie erwiderten ihm, sie besäßen kein Schaf, hätten jedoch etwas, was einem Schaf sehr ähnlich sei. Der Jäger erklärte sich mit diesem Ersatz zufrieden und es wurde ihm anstelle des Schafes Yogbo gebracht, den man durch stacheliges Gebüsch hinter sich her gezogen hatte. Dieser war in Ohnmacht gefallen, da er glaubte, die Yehwezogbanos wollten ihn nun verschlingen, wie sie es ihm angedroht hatten. Der Jäger nahm Yogbo, legte ihn neben sich und fing wieder an zu spielen. Einen Moment später waren die Yehwezogbanos todmüde: Sie dankten dem Musiker also und gingen fort. Dieser begab sich alsdann mit Yogbo ins Dorf zurück. Yogbo war inzwischen zu sich gekommen und der Jäger erklärte ihm sofort, dass ihre Freundschaft zu Ende sei. Adonoyogbo musste noch ganze Monate lang seine Wunden und seine zerbrochenen Knochen heilen lassen, die ihn an sein Unglück erinnerten.

Deshalb gilt: Habsucht und Begierde führen manchmal zu gefährlichen Begebenheiten.

25. Das Hexenkind und die Tiere (Bariba)

Hören Sie mein Märchen!
Wir sind dabei ganz Ohr!

Einst lebten die Tiere des Waldes gut und friedlich miteinander. Da kam ein Hexenkind des Weges daher. Es hatte des Königs Tasche um und seinen Stab in der Hand. In der Tasche steckte das Talismanmesser. Der Löwe, der König der Tiere, fand das Kind und brachte es in sein Haus. Beim Einbruch der Dunkelheit kamen die Tiere herbei und der Löwe versammelte sie und rief mit mächtiger Stimme: "Hört, ich habe heute ein einsames Kind im Wald gefunden. Was wollen wir damit tun?"

Da äußerten die Tiere ihre Meinung und sagten: "Wir haben euch wohl verstanden, König, aber ein Kind in diesem Alter, das seine Eltern ausgesetzt haben, kann kein gutes Kind sein. Wir sollten es seinen Weg fortsetzen lassen."

Da sagte die Hyäne zum König: "Verehrter Herr König, das Kind haben Sie gefunden, und Sie sollten es hoch schätzen. Die anderen Tiere sagen das Gegenteil von dem, was sie wirklich meinen. Meine Meinung ist: Sie sollten das Kind sorgfältig bewahren und pflegen." Der König stimmte der Hyäne zu und entschied sich dafür, das Kind in seinem Hause zu behalten. Die beiden blieben noch beieinander und berieten sich, und es wurde entschieden, dass die Hirschkuh am nächsten Tag im Haus bleiben und auf das Kind aufpassen solle.

Das tat die Hirschkuh. Auf einmal schrie das Kind. Die Hirschkuh fragte, was denn geschehen sei. Das Kind antwortete, es wolle reiten. Die Hirschkuh wusste nicht, was reiten ist und fragte, wie man das denn anstelle, und das Kind sagte, es wolle sich auf den Rücken der Hirschkuh setzen. Da legte sich die Hirschkuh hin und das Kind stieg auf ihren Rücken. Leise und vorsichtig zog das listige Kind das Messer aus der Tasche, schnitt der Hirschkuh die Kehle durch und schleppte das Tier hinter das Haus. Anschließend ging es zu Bett und tat, als ob es schliefe.

Am Abend kehrten die Tiere, jedes auf seine Weise, heim. Die Hyäne kam als erste zum Haus, lief um das Haus herum, entdeckte die tote Hirschkuh, freute sich über die Beute und versteckte sie. Bald darauf kamen auch die anderen Tiere. Der König fragte das Kind, wo denn die Hirschkuh sei, mit der es den Tag verbracht habe. Aber das Kind sagte, es wisse von nichts und die Hirschkuh blieb verschwunden.

Betrübt machte der König die Nachricht bekannt, dass man die Hirschkuh vermisse, und die anderen Tiere erinnerten den König daran, was sie über das Kind gesagt hatten. Die Hyäne aber sagte: "Mein König, behaltet das Kind nur bei Euch. Die anderen Tiere wollen Ihnen Böses und geben Ihnen deshalb einen schlechten Rat!" Und der König hörte auf die Hyäne. Eine Weile später ging die Hyäne hinter das Haus, schichtete Holz in den Herd, zündete es an und briet die Hirschkuh, um sie zu essen.

Am nächsten Tag wurde der Hirsch dazu bestimmt, das Kind im Hause zu hüten. Er war damit einverstanden. Als die beiden alleine waren, sagte das Kind wieder, es wolle reiten. Auch der Hirsch fragte, wie das denn gehe, und das Kind erklärte es ihm, verfuhr mit dem Hirsch ebenso wie mit der Hirschkuh und verbarg das tote Tier hinter dem Haus.

Bei Einbruch der Dunkelheit kam die Hyäne wieder als erste zum Haus, fand den getöteten Hirsch, war erfreut und versteckte ihn sorgfältig. Auch die anderen kehrten heim, und der König fragte das Kind, wo denn der Hirsch sei, der mit ihm zuhause geblieben war. Aber das Kind sagte, es habe ihn nicht gesehen. Die Tiere rieten dem König, das Kind fortzujagen. Aber die Hyäne sprach dagegen und der König hörte darauf.

Nun war die Hyäne am nächsten Tag dran, bei dem Kind zu bleiben. Wie schon an den vorherigen Tagen forderte das Kind, es wolle reiten. Die Hyäne sagte: "Ach so, reiten? Ja, ja. Bitte warte einen Moment, ich komme sofort." Die Hyäne suchte und fand eine eiserne Halskrause und legte sie um. So gelang es dem Kind nicht, der Hyäne den Hals auch nur zu verletzen. Die Hyäne brachte es mit vieler Mühe schließlich fertig, das Kind abzuwerfen. Geschwind lief sie zum König und sagte: "Es stimmt, was die anderen sagen! Es stimmt! Wäre ich nicht klüger gewesen als das Kind, es hätte mich ebenfalls getötet." Aber der König zweifelte an dem, was die Hyäne sagte und wollte das Kind prüfen. "Wer holt mir meine Tasche mit dem Talisman?", fragte der König, und der Affe meldete sich freiwillig.

Als er zum Haus kam, suchte er das Kind, aber es war nicht da. So nahm er die Tasche; hing sie sich um den Hals und sprang mit großen Schritten zum Hause des Königs. Plötzlich merkte der Affe, dass das Kind in der Tasche steckte und auch das Messer war darin. Der Affe erschrak sehr, fiel hin, raffte sich auf, aber das Kind war immer noch in seiner Tasche. Der Affe rannte, so schnell er konnte. Dabei stieß er wie blind an einen Baum voller Früchte, der von einer Dornenhecke umgeben war. Die Tasche blieb an den Dornen hängen, zerriss und fiel in die Dornen. So wurde der Affe gerettet, denn sonst hätte das Kind bestimmt auch den Affen getötet.

Das Kind hingegen überlebte und verschwand spurlos im Wald, wo es seine Hexenkunst weitertrieb.

Seit dieser Zeit ist dieser Baum für die Affen tabu, das heißt, seit dieser Zeit frisst der Affe die Früchte dieses Baumes nicht mehr.

26. Warum Geduld wichtig ist! (Bariba)

Hören Sie mein Märchen!
Wir sind dabei ganz Ohr!

Wissen Sie, warum Geduld sehr wichtig ist im Leben? Ich werde es Ihnen sagen!

Es lebten einmal in einem weit entfernten Dorf ein Mann und eine Frau zusammen, aber es herrschte keine Eintracht zwischen ihnen. Sie stritten sich unentwegt. Der Grund dafür war folgender: Auf dem Heimweg vom Feld machte der Mann oft einen Abstecher bei seinem Freund und sie redeten des Langen und Breiten. Er kam also immer sehr spät nach Hause. Die Frau aber hatte den Verdacht, dass der Mann eine Geliebte habe und deshalb immer so spät käme. Die Frau drang in ihn und behauptete schließlich, er wolle ihr die Wahrheit nicht sagen. Daraufhin schwieg der Mann und die Frau ihrerseits weigerte sich, für ihn zu kochen.

Enttäuscht ging der Mann zu seinem Freund und aß künftig dort und ließ seine Frau allein im Haus. Das machte der Frau Angst, denn sie vermutete, dass ihr Mann sich von ihr scheiden lassen wolle. So begab sie sich zu einem Hellseher, um einen Ausweg zu finden. Nachdem der Hellseher seine Götter befragte hatte, sagte er der Frau, sie habe Schwierigkeiten mit ihrem Mann. “Das stimmt”, sagte die Frau, “und deshalb bin ich zu Euch gekommen, damit Ihr mir sagt, wie ich eine Lösung finden kann.” Der Hellseher sagte, er könne schon ein Mittel finden, um ihr zu helfen, aber die Zutat sei sehr schwer zu beschaffen. “Ich werde sie finden, auch wenn es schwer ist!”, antwortete die Frau. Da sagte der Hellseher: “Bringe mir die Milch einer Löwin, und deine Schwierigkeiten werden gelöst.”

So ging die Frau zu einem Jäger. Dem erklärte sie, was sie benötige. “Kannst du mich begleiten?”, fragte der Jäger. “Ja, das kann ich.”, antwortete die Frau, ging nach Hause, briet einen Hammel und brachte ihn mit, als sie zum Jäger zurückging.

Am frühen Morgen weckte der Jäger die mutige Frau und sie gingen in den Wald und die Frau hatte den gebratenen Hammel auf dem Rücken. Als sie an dem Ort angekommen waren, wo die Löwin lebte, zeigte der Jäger der Frau die Löwin. Von Ferne sah die Frau die mächtige Löwin. Als aber die Löwin den gebratenen Hammel roch, stand sie auf und ging langsam auf die Frau zu. Auch die Frau ging vorsichtig auf die Löwin zu. Als sie einige Meter voneinander entfernt waren, warf die Frau der Löwin einen Brocken Fleisch zu. Die Löwin ergriff das Fleisch und fraß es auf. Drei Mal wiederholte die Frau, was sie getan hatte und jedes Mal fraß die Löwin das Fleisch.

Sechs weitere Tage lang gab die Frau der Löwin zu fressen, und die Löwin gewöhnte sich an die Frau. Am siebten Tag kam die Frau wie gewohnt und setzte sich auf die Erde. Die Löwin kam herbei und als sie sehr nahe war, hielt sie ihren Schweif ganz entspannt und still. Die mutige Frau begann nun, die Löwin am ganzen Körper zu liebkosen, bis sie zu deren Brüsten kam und begann sie zu melken und die Milch in einem kleinen Gefäß aufzufangen, dankte der Löwin und ging davon.

Die Frau brachte dem Hellseher die frische Löwenmilch. "Du hast sie selbst gemolken?", fragte der Hellseher. "Ja, das habe ich getan.", sagte die Frau. Nun sagte der Hellseher: "Du hast das Mittel selbst, das du brauchst, um deine Probleme mit deinem Mann zu lösen. Es sind deine Geduld, deine Klugheit und die Mühe, die du auf dich genommen hast, um die Löwin zu melken. Geh nach Hause und besinne dich auf deine Fähigkeiten, dann wird es zur Versöhnung mit deinem Mann kommen." Die Frau tat, was der Hellseher ihr empfohlen hatte. Zu Hause briet sie einen Hahn. Als der Mann nach Hause kam, gab sie ihm zu essen und er brachte ihr daraufhin ein Geschenk mit. Fortan waren beide Eheleute glücklich und ihr Zusammenleben war herzlich.

Deshalb ist der Mangel an Geduld oft der Grund für den Streit bei Ehepaaren.

27. Der hilfsbereite Jäger (Fon)

Mein Märchen springt hin und her und setzt sich endlich auf einen Jäger.

Eines Tages kam ein Jäger an den Rand einer Grube, in der sich eine große Ratte, ein Mann und eine Viper befanden. Alle drei begannen, den Jäger zu bitten, sie doch aus der Grube zu befreien. "Wen soll ich aus der Grube herausholen und wen soll ich drin lassen?", fragte sich der Jäger. "Wenn du mich aus der Grube herausholst, werde ich dich steinreich machen!", versprach die große Ratte. Die Schlange versprach: "Wenn du mich aus der Grube herausholst, werde ich dich vor einer tödlichen Gefahr bewahren!" Danach sprach der Mann: "Wenn du mich aus der Grube herausholst, werde ich dir Gutes tun und dein Diener sein!"

Nachdem der Jäger lange überlegt hatte, entschloss er sich, alle drei aus der tiefen Grube herauszuholen. Als erstes holte er den Mann heraus, als zweites die große Ratte und zuletzt die Viper. Die Viper zeigte ihm eine Pflanze und sagte: "Wenn dich eine Schlange beißt, dann nimm ein Blatt, zerreibe es und lege es auf den Biss. So wirst du geheilt werden." Danach ging sie weg. Die große Ratte sagte: "Wie versprochen, werde ich dich steinreich machen", und auch sie ging weg. Der Mann sagte: "Was auch geschehen mag. Ich werde dir treu bleiben", dann ging er ebenfalls weg und der Jäger ging nach Hause.

Nach etlichen Tagen fragte die Ratte den Jäger, wo er wohne. Der Jäger zeigte ihr sein Haus. Da grub die Ratte einen Gang vom Palast des Königs Dada Ségbo und zwar von dem Raum aus, in dem die Schätze des Königs aufbewahrt wurden, bis zum Haus des Jägers. In dem Raum des Königs gab es Gold, Perlen und viele andere wunderbare Sachen. Die Ratte leerte das Zimmer und brachte alle Schätze des Königs in das Haus des Jägers. Von da an wurde der Jäger immer reicher.

Der Mann, der den Jäger gerettet hatte, kam zu ihm und fragte: "Wie ist es dir gelungen, so reich zu werden?" Der Jäger antwortete: “Das verdanke ich der Ratte.” - “Na ja, sie hat ihr Versprechen offenbar gehalten”, sagte der Mann, ging sofort zum König und berichtete ihm, dass der Jäger alle seine Schätze gestohlen habe. Der König wollte das nicht glauben und schickte einige Höflinge zum Jäger, um das überprüfen zu lassen.

Der König war sehr verärgert, ließ den Jäger gefangen nehmen und wollte ihn hinrichten lassen. Kurz bevor die Hinrichtung stattfinden sollte, kroch die Viper, die der Jäger gerettet hatte, herbei und biss den ältesten Sohn des Königs. Da fiel der Prinz wie tot um und die Leute, die um ihn herum standen, flohen entsetzt. Der gefangene Jäger erfuhr, dass eine Viper den Prinzen gebissen habe und sagte: “Kommt her, bindet mich schnell los, denn ich kann den ältesten Sohn des Königs retten!” Da befahl König Dada Ségbo, den Jäger loszubinden. Der holte das Blatt aus dem Busch, das ihm die Viper gezeigt hatte, zerrieb es und legte es auf den Biss, wie die Viper es ihm gesagt hatte. Auf der Stelle fing der Prinz an, sich zu bewegen und kam einige Zeit später zu sich.

So wurde der Königssohn geheilt. Da sagte der König: “Wäre dieser Jäger nicht gewesen, wäre mein Sohn gestorben”, und er fragte den Jäger: “Woher kennst du dieses Heilmittel, Wohltäter meines Sohnes?” Der Jäger seufzte und erzählte dem König seine ganze Geschichte. Da verstand der König, dass der Mann aus der Grube verlogen, verräterisch und undankbar war. Er befahl: “Anstelle dieses hilfsbereiten Jägers soll dieser Lügner, Verräter und Undankbare hingerichtet werden!” Und das wurde vollzogen und der König belohnte den Jäger mit großen Schätzen, wovon dieser sein ganzes Leben lang in Wohlstand lebte und nicht mehr jagen musste.

Deshalb: Man muss sein Versprechen halten! Und: Tue nichts Böses, so widerfährt dir nichts Böses.

28. Die Heirat von Dada Sègbo und Dansi (Fon)

Mein Märchen springt hin und her und setzt sich endlich auf den König Dada Sègbo und Dansi.

Vor langer Zeit, bevor das Königreich Danxomé gegründet wurde, lebte einmal ein König mit Namen Dada Ségbo. Eines Tages, als er auf dem Markt war, sah er einen jungen Knaben, dessen Gesicht so schön und dessen Formen so harmonisch waren, dass er ihn für ein Mädchen hielt. Er ging also eilig zum Vater des Knaben und bat ihn, ihm sein Mädchen zur Frau zu geben. Der Vater wollte den König über seinen Irrtum aufklären, zögerte aber, weil er sich davor fürchtete, den König zu beleidigen. Und auch die große Ehre, die mit einer solchen Hochzeit verbunden war, hinderte ihn daran, die Wahrheit zu sagen.

Der Vater gab also seine Zustimmung zur Heirat mit dem Knaben, den er Dansi rief. Allerdings wurde die Heirat unter strengen Bedingungen ausgehandelt: Dada Ségbo musste erlauben, dass Dansi ein Jahr lang das Bad allein, getrennt von den anderen Frauen des Königs, benutzen dürfe und dass Dada Ségbo während dieser Zeit nicht mit ihm ins Bett ginge.

Der König war mit allem einverstanden, und als er in seinen Palast zurückgekehrt war, ließ er eine feste Mauer errichten, damit sich seine neue Gemahlin, vor den Blicken ihrer Mitehefrauen sicher geschützt, waschen konnte. Bisher hatten sie nur aus Palmblättern gebaute Palisaden an ihrem Badehaus.

Die Art und Weise, wie Dansi von dem König behandelt wurde, und die zahlreichen Geschenke, die sie erhielt, weckten bald die Eifersucht der anderen Frauen. Eine von ihnen war besonders aufgebracht. Es war Alugba, die älteste, der alle anderen Frauen Respekt zollen mussten. Sie entschloss sich, ein wachsames Auge auf die neue Frau des Königs zu haben. Sie wollte unbedingt die neue Frau bei einer verbotenen Tat ertappen, um sie dann beim König anzuschwärzen. Sie bohrte ein Loch in die Mauer, hinter der Dansi sich badete. Natürlich merkte sie sehr bald, dass Dansi ein junger Mann war. Diese Entdeckung hinterbrachte sie dem König, aber der König glaubte ihr nicht. Deshalb schlug sie vor:

"Befiehl doch allen deinen Frauen, Wasser von der Quelle für deine traditionellen Zeremonien an die Ahnen zu holen."

Wenn die Frauen zur Quelle gingen, um Wasser zu holen, saß der König immer vor dem Tor seines Palastes, um sie beim Vorbeigehen anzuschauen, und wenn die Frauen an ihm vorbeigingen, zogen sie ihren Lendenschurz aus, das einzige Kleidungsstück, das sie trugen. An diesem Tag schmückten sie sich ausgiebig, ölten ihren Körper ein, und brachten auf Arme und Hals ein duftendes Pulver auf. Sie trugen ihre schönsten Perlengürtel und alle ihre Armbänder.

Als die neue Gemahlin erfuhr, dass der König diese Zeremonie vorbereitete, begann sie zu jammern. Der König würde jedoch andererseits Alugba, die älteste Frau, sehr streng bestrafen, wenn er dahinter käme, dass sie ihn belogen hatte. In ihrer Not entschloss sich Dansi, aus dem Palast zu fliehen, aber dafür musste sie durch einundvierzig Türen gehen und vor jeder Türe wachte ein Hund. So bereitete sie Teig, und bei Einbruch der Nacht ging sie davon. An jeder der einundvierzig Türen gab sie dem Hund ein Stück Teig, damit er nicht belle. So gelang es ihr, in den nahen Busch zu entkommen, ohne dass jemand aus dem Palast aufgeweckt wurde.

Im Busch begegnete sie der Hyäne und sagte zu ihr: "Hyäne, ich bin so unglücklich, nimm mich mit!", aber die Hyäne weigerte sich, das zu tun. Da begegnete sie dem Panther. "Nimm mich mit, Panther!", sagte sie, aber der Panther verweigerte es ihr ebenfalls. Nun begegnete sie dem Tod und bat: "Tod, nimm mich mit!", und der Tod antwortete: "Ich kenne deinen Kummer. Warum jammerst du? Ich kann dich in ein Mädchen verwandeln." Nachdem er das gesagt hatte, nahm er sein Messer und schnitt Dansis männliches Geschlechtsteil ab. Da wurde Dansi zur Frau. Darauf blies der Tod auf Dansis männliches Geschlechtsteil, verwandelte es in eine Maniokknolle und reichte sie Dansi mit den Worten: "Nimm sie mit, aber hüte dich davor, sie zu essen, sonst wirst du wieder zum Mann!"

Von ihren Sorgen befreit, begab sich Dansi zurück in den Palast. Die Hunde erkannten sie wieder, hielten still und ließen sie durch alle Türen gehen.

Am folgenden Tag sang Dansi und Alugba hörte das. Neugierig geworden ging sie zu Dansi und sah, wie sie eine Maniokknolle schälte. “Wer hat dir diese Maniokknolle gegeben?”, fragte sie. “Die hat mein Vater mir geschickt”, antwortete Dansi, “Willst du ein Stück davon kosten?” Die alte Alugba ließ sich nicht lange bitten und sagte: “Ja, gern!” Aber sobald sie ein Stück von der Knolle gegessen hatte, begann es ihr am Geschlecht zu jucken. Sie kratzte sich. Plötzlich wuchs an Stelle ihres weiblichen Geschlechtes ein männliches hervor. Da war sie nun an der Reihe, zu jammern und zu klagen!

Die Zeit für den Gang zur Quelle rückte näher. Alle Frauen waren schon bereit und zogen zusammen mit Dansi an dem König vorbei. Dada Ségbo betrachtete aufmerksam eine nach der anderen und merkte, dass Alugba nicht unter ihnen war. So ließ er sie holen. Zu aller Überraschung wurde entdeckt, dass Alugba ein männliches Geschlechtsteil hatte.

Voller Ärger ließ der König sie auf den Rücken einer Hyäne festbinden, und die Hyäne brachte sie weg und fraß sie auf.

Deshalb: Man soll nicht immer hinter die Dinge sehen wollen, denn unverschämte Neugier und Eifersucht können zum Tode führen.

29. Der Jäger und das große Loch (Gun)

Mein Märchen springt hin und her und setzt sich auf einen Jäger.

Dieser Jäger war es gewohnt, viele Tiere zu erlegen. Eines Tages aber traf er auf kein einziges Tier bei seiner Jagd. Als er nach Hause zurückkehren wollte, fand er auf dem Heimweg ein großes, tiefes Loch, das einmal Wasser enthalten hatte. Er schaute hinein und gewahrte darin eine Schlange, eine Ratte und eine schöne Frau. Die drei baten den Jäger inständig, sie doch aus dem Loch zu befreien. Der Jäger überlegte einen Augenblick und sagte dann: "Habt keine Angst, ich werde euch aus dem Loch herausziehen." Darauf sagte die junge Frau: "Wenn du mich herausziehst, werde ich deine Frau." Die Schlange sagte: "Wenn du mir hilfst, werde ich dir Gutes tun." Und die Ratte versprach ihm Reichtum, wenn der Jäger auch sie aus dem Loch befreie.

Der Jäger befreite die junge Frau, die Ratte und die Schlange aus dem Loch. Als alle drei auf festem Boden standen, gingen die Ratte und die Schlange einfach weg, aber die Frau folgte dem Jäger bis zu seinem Haus und wurde seine Gattin.

Lange Zeit danach fing die Ratte an, einen unterirdischen Gang zu graben. Dieser führte vom Haus des Königs des Landes zum Haus des Jägers. Die Ratte lief in diesem Gang hin und her, um alle kostbaren Sachen des Königs in das Zimmer des Jägers zu tragen. Das ging so lange gut, bis der König eines Tages seinen Hut nicht mehr fand. Da rief er alle seine Leute zusammen und verkündete: "Derjenige, der weiß, wo all meine Sachen hingekommen sind, soll die Hälfte meiner Schätze bekommen."

Als die Frau des Jägers das hörte, zog sie ihr bestes Gewand an, schmückte sich und beschloss, sich zum König zu begeben. Vor dem Haus des Königs angekommen, ließ sie sich melden. Die Wächter riefen den König und die Frau sagte ihm, dass sich alle seine Sachen bei ihrem Mann, dem Jäger befinden würden. Da wurde der Jäger sofort verhaftet, gefesselt und eingesperrt, und es wurde entschieden, dass er in drei Tagen geköpft werden solle.

Außerdem hatte der König entschieden, dass er auf dem abgeschnittenen Kopf stehen wolle, wenn er sich wasche, das heißt, der Kopf sollte unter seinem Waschraum begraben werden.

Der Raum, in dem der Jäger eingesperrt war, war sehr klein und hatte keine Tür. Die Schlange aber, der er vorher Gutes getan hatte, zwängte sich in den Raum. Sie hatte das Blatt einer besonderen Pflanze im Mund. Der Jäger sah die Schlange und bekam große Angst, denn er dachte, die Schlange wolle ihn beißen. Aber die Schlange sprach: "Hab keine Angst! Du hast mir einst das Leben gerettet. Jetzt bin ich dran, dir zu helfen. Das Blatt, das ich hier bringe, rettet Menschen, die von einer Schlange gebissen wurden, seien sie auch schon drei Tage tot. Man muss das Blatt zerstoßen und den Saft auf die Augen tröpfeln, dann wird der Kranke oder der Tote sofort erwachen und gesund sein. Sobald ich fort bin, werde ich den einzigen Sohn des Königs beißen und ihn dadurch töten." Das tat die Schlange, und der Sohn des Königs starb. Die Leute begannen zu weinen und zu klagen, und im Gefängnis hörte der Jäger alles mit an. Und er hörte auch, als der König sagte: "Ich verspreche demjenigen, der meinen Sohn wieder lebendig macht, die Hälfte meiner Schätze."

Der Jäger fing an, im Gefängnis Lärm zu schlagen. Der König ahnte, dass der Jäger ihm etwas sagen wollte und ließ ihn von den Wächtern vorführen. Der Jäger sagte, er könne seinen Sohn wieder lebendig machen. Das glaubte der König nicht, wiederholte aber noch einmal sein Versprechen.

Der Jäger nahm das Blatt der Schlange, zerstieß es im Mörser und tröpfelte den Saft auf die Augen des Königssohnes. Da stand der Junge auf und alle Menschen schrien und tanzten vor Freude. Der König aber sagte: "Solch einen Menschen darf man in diesem Land nicht töten!" Und von da an gehörte der Jäger zum Gefolge des Königs.

Wenn man einem Menschen Gutes tut, vergilt er es manchmal nicht. In dieser Geschichte hat die eigene Frau den Jäger verraten, obwohl er sie aus dem Loch gezogen hatte.

Deshalb soll man erst gut überlegen, bevor man jemandem etwas Gutes tut.

30. Das Waisenkind (Mina)

Mein Märchen fliegt und fliegt, springt von Land zu Land und setzt sich auf einen Mann und seine Frau.

Die beiden lebten in einem kleinen Dorf. Viele Jahre lang bekamen sie kein Kind. Nach vielen Opfergaben an die Götter brachte die Frau im Alter von fünfzig Jahren einen Sohn zur Welt. Das war ein kluger und schöner Sohn, auf den die Eltern sehr stolz waren. Aber die Mutter starb, als der Sohn vier Jahre alt war.

Der Mann trauerte einige Zeit und heiratete dann eine andere Frau. Der kleine Sohn wuchs heran und half der Stiefmutter bei allen Arbeiten. Er war immer hilfsbereit, gehorchte der Stiefmutter und liebte sie, als ob sie seine eigene Mutter wäre. Das Kind tat alles, um ihr Freude zu bereiten. Die Stiefmutter liebte es aber nicht und dachte bei sich: "Wie kann ich dieses kluge Kind nur los werden?"

Eines Tages befahl die Stiefmutter dem Kind, im Wald Brennholz zu holen. Das Kind machte sich auf den Weg. Nachdem es eine ganze Weile gelaufen war, kam es an einen dunklen Wald. Es war ein Wald mit hohen und mächtigen Bäumen. Alles war still, und es war auch keine menschliche Stimme zu hören. Die Stiefmutter aber hatte ein Buschmesser genommen und war unbemerkt dem Kind bis dorthin gefolgt. Das Kind hörte auf einmal Schritte hinter sich, drehte sich um und sah die Stiefmutter, die es mit dem Buschmesser töten wollte, so wie man einen Baum fällt. Plötzlich erschien eine mächtige Schlange zwischen der Stiefmutter und dem Kind. Das Kind bückte sich geschwind und entkam auf diese Weise dem Tod.

Dann verschwand die Schlange und in einem Gebüsch in der Nähe saß die tote Mutter des Kindes. Sie betrachtete traurig die Szene.

Dann wandte sie sich an die Stiefmutter: "Du kannst meinen einzigen Sohn nicht töten. Was hat er dir getan? Er hat dir immer geholfen, so als ob du seine Mutter wärest. Ist das die Belohnung dafür? Nein! Dein Plan, ihn umzubringen, ist gescheitert. Von nun an werde ich ihm überall beistehen. Bei der Rückkehr erzähle deinem Gemahl, was du gerade getan und gesehen hast." Daraufhin verschwand sie wieder.

Die Stiefmutter bekam große Angst. Sie nahm das siebenjährige Kind und ging mit ihm nach Hause. Als sie nach Hause kam, berichtete sie ihrem Mann die böse Tat und versprach, von nun an das Kind wie ihr eigenes zu lieben und ihm niemals mehr nach dem Leben zu trachten.

Das kleine Kind war nun fröhlich und vertraute ihr. Die Stiefmutter pflegte es, erzog es und liebte es und es blieb das einzige Kind, denn die Stiefmutter konnte kein Kind zur Welt bringen. Nach dem Tod des Vaters wurde das Kind der Hausherr. Nun, als erwachsener Mann, kümmerte er sich um die Stiefmutter. Er heiratete viele Frauen und hatte viele Kinder.

Seit jener Zeit lieben die Stiefmütter ihre Stiefkinder wie ihre eigenen Kinder.

Deshalb sagt man: Wer ein Kinderleben rettet, rettet die ganze Welt, denn aus Kindern werden Leute.

31. Die beiden Blinden (Mina)

Mein Märchen springt hin und her und setzt sich endlich auf Solagnon und Dodji.

Solagnon und Dodji waren echte Freunde, aber die beiden waren leider von Geburt an blind. Jeder wohnte mit seiner Familie in einem kleinen Dorf. Jahrelang hatten sie vom Betteln gelebt und waren auf die Hilfe ihrer Familien angewiesen. Beide Blinde hatten sich so lieb, dass man sie als unzertrennlich bezeichnen konnte.

Viele Jahre waren vergangen, als die Freunde kein Geld mehr hatten und die Familien nichts mehr von ihnen wissen wollten. Die beiden Blinden fühlten sich verloren und verraten. Tagelang mussten sie hungern. Sie gingen von Tür zu Tür der gottlosen Reichen ihrer Dörfer, aber sie wurden stets abgewiesen. Schließlich waren sie ganz außer Kräften und entschieden, nicht mehr betteln zu gehen. Verzweifelt beschlossen sie, ihrem Leben ein Ende zu setzen.

Sie verließen ihre Dörfer und machten sich auf einen Weg, der ihnen unbekannt war. Nachdem sie eine weite Strecke zurückgelegt hatten, befanden sie sich plötzlich an einem breiten und wilden Fluss. Sie setzten sich am Ufer des Flusses nieder. Plaudernd erinnerten sie sich an ihre guten und schlechten Tage, und auf einmal fingen sie an, ein Gebet zu sprechen. Sie baten Gott, sie im Himmel willkommen zu heißen. Dann nahmen sie Abschied voneinander, denn sie wollten in den Fluss springen und so aus dem Leben scheiden.

Dodji aber nahm einen großen, schweren Stein, warf ihn "plopp" in den Fluss und meinte, er habe seinen Freund hinters Licht geführt. Solagnon seinerseits nahm ebenfalls einen schweren Stein und warf ihn "plopp" in den Fluss. Jeder der beiden meinte nun, er habe seinen Freund betrogen und ging langsam heim.

Auf ihrem Heimweg trafen sie aber auf dem Weg aufeinander. Da beide blind waren, liefen sie geradewegs aufeinander zu und prallten heftig zusammen. "Wer ist das?", fragte Dodji. "Du Dodji noch hier? Was machst du auf dem Weg?", fragte Solagnon, denn er erkannte seinen Freund an der Stimme. Während die beiden Freunde noch versuchten, sich gegenseitig ihren Betrug zu erklären, hörten sie die Stimme eines Weisen, der rief: "So ist das Leben! Seid nicht entmutigt! Morgen ist es vielleicht besser als heute!". Beide Blinde trockneten sich die Tränen.

Auf dem Weg zurück in ihre Dörfer begegneten sie einer alten Frau in weißen Kleidern. Sie schaute die beiden von oben bis unten an, gab ihnen ein Maiskorn und eine kleine Hacke und sagte: "Diese beiden Dinge werden euren Wunsch erfüllen." Dann verschwand die alte Frau. Die beiden Freunde nahmen Hacke und Maiskorn, bedankten sich und liefen schnell nach Hause.

Am folgenden Tag gingen sie gemeinsam zu einem großen Wald, in dem mächtige Bäume wuchsen. Der war über tausend Morgen groß. Da sagten sie zu der kleinen Hacke: "Los, an die Arbeit!", und binnen einer Stunde war der Wald gerodet und der Acker gepflügt. Dann säten sie das einzige Maiskorn, der Regen begann zu fallen und aus dem Maiskorn wurden viele, und sie säten sich auf dem ganzen Acker aus. Nach einer Woche waren die Kolben erntereif und die Nachbarn kamen und halfen, die Ernte einzubringen. Und bei diesem Erntefest gab es zu essen und zu trinken. Die Erntearbeiter sangen und tanzten und ernteten mehrere Monate lang.

Die beiden Blinden aber heirateten viele Frauen und hatten viele Kinder. Ihr Ruf verbreitete sich weit über die Grenzen ihres Landes hinaus.

Deshalb soll man die Hoffnung nie aufgeben. Denn: Was lange währt, wird endlich gut!

32. Ein böser König (Mina)

Mein Märchen springt hin und her und fällt auf einen König und seine Frauen.

Dieser König herrschte über ein sehr großes Reich und heiratete zehn Frauen. Die zehn Frauen wurden alle im selben Monat schwanger. Sie lebten im Wohlstand und bildeten eine gute und fröhliche Familie.

Während ihrer Schwangerschaft rief der König seine Frauen zu sich und sprach: "Ich erwarte von jeder von euch nur Töchter. Eine Frau, die einen Sohn zur Welt bringt, wird ihn sofort verlieren, sonst ist sie selber verloren. Ein Sohn würde nach dem Thron streben und könnte mir ungehorsam sein." Die Frauen schwiegen, denn sie durften nichts sagen; und unter dieser unmenschlichen Bedingung fingen sie an, ihre Kinder zur Welt zu bringen.

Von neun Frauen bekam der König - wie gewünscht - Töchter. Der König war trunken vor Freude und veranstaltete überbordende Zeremonien für die Neugeborenen. An diesen Tagen erschienen die Mütter mit ihren Töchtern in goldenen Kleidern und sie glänzten wie die Sonne. Die zehnte Frau aber brachte keine Tochter, sondern einen kleinen Sohn zur Welt.

Als der König diese Nachricht vernahm, kochte er vor Wut, verwünschte den Jungen und drohte der Mutter mit dem Tod, falls sie ihren Sohn, den zukünftigen Nebenbuhler, nicht loswerden könne. Wegen dieser Drohungen des Königs, die er immer wieder ausstieß, sah sich die Frau gezwungen, die Forderung des Königs zu erfüllen. So gingen der König und die Mutter des Kindes an einem sonnigen Tag in den Wald. Dort wurde der unschuldige kleine Sohn in eine Grube geworfen. Die Mutter weinte und schrie, aber der König blieb unbeugsam. Die Mutter wurde gewaltsam von ihrem Gemahl, dem bösen und gottlosen König, nach Hause geschleppt. Termiten und Ameisen stachen den kleinen Sohn und Skorpione bissen ihn in den Leib. Das kleine Kind weinte und schrie, aber es konnte sich nicht selbst befreien und blieb hilflos in der Grube liegen.

Eine sehr alte Frau, die selbst keine Kinder hatte, ging zur selben Zeit in den Wald, um Holz zu suchen. Sie hörte das Schreien aus der Grube, ging hin und sah das Kind, blutend und bedeckt von Termiten und Ameisen. "Ach, du lieber Gott! Rette dieses ausgesetzte Kind!", sagte sie voller Inbrunst, holte das Kind aus der Grube, nahm es auf, pflegte es gesund, als sei es ihr eigenes und zog es auf.

Viele Jahre vergingen und aus dem kleinen Kind wurde ein ansehnlicher Mann, der aber seine eigene Mutter nicht kannte. Die alte Frau, seine Ziehmutter, hatte ihm immer erzählt, wie sie ihn im Wald gefunden hatte.

Als er dreißig Jahre alt war, ging er eines Tages auf das Feld. Auf dem Weg traf er eine alte Dame. Er wusste nicht, wie ihm geschah, denn plötzlich fing er an zu singen:

"Mein Vater wollte eine Tochter.
Meine Mutter brachte einen Sohn zur Welt.
Deshalb warfen sie mich in die Termitengrube.
Eine alte Frau rettete mich und erzog mich.
Wie könnte ich meinen Eltern gehorchen?"

Die Dame hörte das und erinnerte sich schließlich daran, was vor langer Zeit im Wald geschehen war und sprach zu sich: "Ich bin diejenige, die ihren Sohn unter Zwang in die Grube warf. Dieser Mann muss mein Kind sein." Sie erkannte ihren Sohn und lief schnell nach Hause.

Dort erzählte sie dem hundert Jahre alten, schwachen König von dem, was sie gerade erlebt hatte. Der König konnte es nicht glauben und schickte schnell nach der alten Frau. Die Gesandten des Königs wollten den dreißigjährigen Mann mit Gewalt zwingen, mitzugehen, aber die alte Frau und der junge Mann weigerten sich, und die Sache kam vor Gericht. Dort sprach der böse König: "Verehrte Damen und Herren! Entschuldigung! Ich brauche nun einen Sohn in meinem Haus, denn ich werde älter und schwächer. Dieser

Sohn wird meine Nachfolge antreten. Damals hatte ich nicht daran gedacht. Deshalb wollte ich ihn einfach loswerden.“ Nach diesen Worten begann die alte Frau zu weinen, aber der junge Mann tröstete sie und fing an zu singen:

“Mein Vater wollte eine Tochter.
Meine Mutter brachte einen Sohn zur Welt.
Deshalb warfen sie mich in die Termitengrube.
Eine alte Frau rettete mich und erzog mich.
Wie könnte ich meinen Eltern gehorchen?
Ich gehe nur mit meiner Mutter und meiner Retterin
zurück in den Palast als König.”

Da wurde das Urteil gefällt: “In unserem Reich brauchen wir nur einen König. Dein Sohn wird unser König, und beim Waschen soll er auf deinem Kopf stehen.” Der alte König weinte, aber er wurde geköpft und sein Kopf wurde unter dem Bad des jungen Königs begraben.

Der junge König, seine Mutter und die alte Frau aber lebten im Wohlstand bis an ihr Lebensende.

Deshalb sagen die Alten: Wie die Saat, so die Ernte.

33. Der wilde Hase und die Tiere (Toffin)

Mein Märchen springt hin und her und fällt auf einen Hasen.

Einmal war der Hase der Bokonon der Tiere. Der Löwe, der Panther und der Tiger gingen zu ihm, um ihn zu befragen, bevor sie auf die Jagd gingen. Der Hase befragte das Orakel und dann gingen sie jagen und brachten ihm einen Teil ihrer Beute zum Dank. So gingen sie jedes Mal zum Hasen, um ihm zu danken, und beschlossen, keinen Hasen mehr zu jagen.

Eines Tages besuchten die wilden Tiere wieder den Hasen, um ihn zu fragen, wie die Jagd ausfallen würde, und der Hase antwortete ihnen, sie würden heute nichts zu jagen finden. Die Tiere verließen den Hasen und gingen dennoch auf die Jagd, aber sie konnten nichts fangen. Da gingen sie zum Hasen und sagten zu ihm: "Wenn wir morgen wieder nichts fangen, werden wir dich fressen." Der Hase antwortete: "Ich wusste es, seit ihr mich gefragt habt, denn auch ich bin ein Beutetier für euch."

Auch am nächsten Tag fanden die Tiere nichts zum Jagen, gingen zum Hasen und drohten ihm: "Du hast einen dicken Bauch, bist wohlgenährt, und wir werden dich morgen fressen!" Dem Hasen wurde angst und bange und er beschloss, sein Haus zu verlassen. Auf seinem Weg begegnete er einem anderen Bokonon und erzählte ihm von seinen Sorgen. Der Bokonon sagte ihm, er solle einen Spiegel kaufen und ihn in den Sumpf werfen. Dann gab er ihm noch genaue Anweisungen, wie er sich zu verhalten habe.

Während der Hase den Rat des Bokonos befolgte, warteten die wilden Tiere schon an seinem Haus. Der Hase kam zurück vom Sumpf und fand sie vor seiner Türe. Er sagte zu ihnen: "Ich habe darüber nachgedacht, was aus euch wird, wenn ich nicht mehr da bin. Deshalb bin ich ausgegangen, um für euer Jagdwohl zu sorgen." Die Tiere berieten sich und der Löwe sagte: "Er kam nicht aus dem Wald, er kam vom Sumpf her. Wir werden gehen und nachschauen, was er dort gesehen hat."

Der Löwe ging also zum Sumpf, schaute sich um und entdeckte dort etwas im Wasser, das lebte und groß war. Er ging zurück zum Panther und sagte: “Ich habe ein riesiges Tier gesehen, das ist über und über mit Haaren bedeckt!” Natürlich hatte sich der Löwe selbst im Spiegel gesehen, aber weil er noch nie in einen Spiegel geschaut hatte, wusste er nicht, dass er sich selbst gesehen hatte. Der Panther wollte unbedingt dieses große Tier selbst sehen, ging hin und sah ein Tier, das Flecken im Gesicht hatte. Das genügte dem Tiger. Ohne recht hinzusehen, warf er sich in das Wasser. Der Panther und der Löwe wollten aber nicht, dass der Tiger das ganze Fleisch allein verzehrte und warfen sich ebenfalls ins Wasser. Der Sumpf war unergründlich tief. Sie wurden von ihren Spiegelbildern magisch angezogen und wollten nur noch fressen, was sie sahen. So ertranken sie alle drei. Der glückliche Hase aber wandte sich seinem Haus zu und sagte zu sich: “Der Löwe ist doch nicht der Größte!”

Deshalb sagt man bei uns: Deinem Nächsten sollst du niemals Übles tun.

34. Der Hund und Goloto, die Spinne (Watchi)

Mein Märchen springt hin und her und fällt auf Goloto, die Spinne.

Goloto und der Hund waren gute Freunde. Jeder von ihnen hatte seine eigene Arbeit, sie hatten sich gern und leisteten sich in der Not gegenseitig Beistand.

Nun kam es, dass die Trockenzeit in einem Jahr sehr lange dauerte und eine furchtbare Hungersnot das Land ergriff. Essen und Trinken zu erhalten machte den beiden Freunden sehr große Schwierigkeiten. Sie mussten mehr als fünfzig Meilen zurücklegen, bevor sie etwas zu beißen fanden. Da ging der Hund eines Tages mit dem ersten Hahnenschrei tief in den Wald. Als er sich einem mächtigen, unvorstellbar hohen Baum näherte, hörte er aus einem alten Termitenhügel vor dem Baum Geschrei. Der Hund verbarg sich schnell hinter dem Baum und beobachtete eine sehr sonderbare Szene: Zwerge, Riesen und Gespenster in weißen Kleidern aßen, tranken, sangen, klatschten und tanzten. Der Geruch der Speisen ließen dem Hund das Wasser im Mund zusammenlaufen. Weil er aber große Angst vor diesen seltsamen Wesen hatte, wartete er, bis sie um Mitternacht weggingen. Dann stürzte er sich auf die übrig gebliebenen leckeren Speisen, weil er ja tagelang gehungert hatte. Er aß und trank sich satt. Dann füllt er seine Tasche mit Speisen und Getränken und lief nach Hause. "Kommt her, meine lieben Kinder, hier habt ihr etwas zu essen und zu trinken!", so lud er seine Kinder zum Essen ein. Dann schickte er nach seinem Freund Goloto, der umgehend kam. Da sagte der Hund fröhlich zu seinem Freund: „Du bist mein Freund. In guten und in schlechten Tagen bleiben wir zusammen. In der letzten Zeit haben wir beide viel gelitten, aber nun läutet die Glocke zu unseren Gunsten!" Sie aßen und tranken auf ihr gegenseitiges Wohl. Dann nahm Goloto, die Spinne Abschied vom Hund und seiner Familie. Aber insgeheim dachte er: "Wenn ich doch allein zum Hügel gehen könnte!"

Am folgenden Tag kam Goloto noch vor Tagesanbruch zu seinem Freund und bat, ihn zur Nahrungsquelle mitzunehmen. Der

Hund war vorsichtig und verweigerte es seinem Freund, versprach aber, der Bitte später zu entsprechen. Jedes Mal, wenn der Hund Hunger hatte, ging er zum Hügel und holte Speisen und Getränke, während Golotos Familie bis auf die Rippen abmagerte. Herr Goloto bat so oft, ihn doch mitzunehmen, dass der Hund sich gezwungen sah, seine Bitte schließlich zu erfüllen. Sie verabredeten, beim ersten Hahnenschrei loszugehen.

Es war erst Mitternacht, als die Spinne hinter das Haus des Hundes ging und aus Leibeskräften krähte. "Es ist noch nicht die rechte Zeit, und es ist kein Hahnenschrei, sondern ein Spinnenschrei! Geh nach Hause und warte bis zum ersten Hahnenschrei!", sagte eine Stimme aus dem Haus des Hundes. Goloto ging aber nicht weg, sondern verbarg sich und legte sich auf die Lauer.

Beim ersten Hahnenschrei ging der Hund aus dem Haus und lief dem Termitenhügel zu, ohne seinem Freund Goloto Bescheid zu sagen, und Goloto folgte ihm heimlich. Wie immer verließen die Riesen und Zwerge den Ort, nachdem sie sich satt gegessen hatten. Als der Hund über die Speisereste herfallen wollte, rief Goloto plötzlich: "Lieber Freund, ist das wahre Freundschaft? Ich vertraue dir nicht mehr. Du bist ein Betrüger. Aber heute ist heute! Mach dir keine Sorgen! Nur darfst du niemandem etwas sagen, sonst sind wir beide verloren", warnte der Hund.

Beide Freunde aßen und tranken reichlich, und Goloto trank so viel, dass er betrunken war und einschlief.

Als die Riesen und Zwerge wieder zu dem Ort kamen, fanden sie Goloto, der immer noch schlief. Sie weckten ihn und fragten, was er da zu suchen habe. „Ich war nicht allein. Der Hund hat mir einen bösen Streich gespielt, denn er ist mit mir hier her gekommen. Ich bin eingeschlafen und er hat mich einfach hier gelassen. Ich selbst kenne den Weg nicht", antwortete Goloto. "Ihr dürft nicht hier her kommen!", drohten die Riesen, Zwerge und Gespenster. Zur Strafe fesselten sie Goloto und drohten, ihn nach sieben Tagen zu töten, wenn sie des Hundes nicht habhaft würden.

Ein Panther kam an dem Hügel vorbei, und Goloto rief ihn zu Hilfe. Der Panther jedoch weigerte sich, ihm zu helfen und sagte:

„Du bist ein Gauner. Ich will mich nicht in deine dunklen Geschäfte einmischen. Komme allein damit zurecht!" Dann verschwand er. Ein hungriges Schaf, das auf der Suche nach weichem Gras war, hörte Goloto jammern. Das Schaf aber sagte: „Tut mir leid, ich habe es eilig. Ich kann dir nicht helfen. Auf Wiedersehen!" Der Hund, der seinen Freund von den Fesseln befreien konnte, war und blieb verschwunden. Goloto gab sich verloren. Schließlich kamen die Zwerge, die Riesen und die Gespenster und zertraten Herrn Goloto. Die Spinne aber zersprang. So hatten die Gier und der Neid Goloto, der Spinne, den Tod gebracht.

Deshalb: Man soll sich mit dem begnügen, was man hat.

35. Der Mann und der Tod (Yoruba)

Mein Märchen fliegt hin und her und fällt schließlich auf einen Mann und den Tod.

Es lebte früher in einem weit entfernten Dorf ein Mann, der eine Frau und vier Kinder hatte. Er war so arm und litt so unsäglich darunter, dass er Gott bat: „Herr Gott, bitte gib mir den Tod!" Der Tod aber erlöste ihn nicht. Als der Mann neunzig Jahre gelebt hatte, war er strahlend von seinem Ruhm umgeben. Er war reich geworden. Sein Reichtum war so groß, dass er auch auf die Leute in seinem Dorf achtete. Alle Menschen in seinem Dorf wurden von diesem Mann ernährt.

Eines Tages wollte er eine große Hochzeit veranstalten. Er bat seine Diener, alle Welt ohne Unterschied des Standes einzuladen. Das wurde ausgeführt. Zum Fest gab es viele verschiedene Getränke und Speisen in Hülle und Fülle und die Leute aßen, was und wie viel sie wollten, denn der Mann war glücklich und wollte alle Leute an diesem Tag erfreuen.

Unter seinen Gästen befand sich auch der Tod. Es war einer jener Tage, an dem er die Menschen rufen musste, damit sie ihm folgen. Er hatte eine Liste bei sich, auf der viele Namen standen, und der Name des reichen Mannes stand an oberster Stelle. Als der Tod nun sehr viel gegessen hatte, hatte er ein Bedürfnis. Er vergaß die Liste, ließ sie an seinem Platz liegen und ging abseits.

Durch Zufall erblickte der reiche Mann die Liste, schaute sie an und entdeckte, dass sein Name an erster Stelle auf der Liste stand, das heißt, dass er an diesem Tag als erster sterben sollte. Er überlegte und überlegte und fand, dass er seinen Reichtum noch nicht genug ausgekostet hatte. So beschloss er, seinen Namen an die letzte Stelle zu setzen.

Schließlich kam der Tod zurück. Er war so bewegt von dem Empfang, den ihm der reiche Mann bereitet hatte, dass er den Mann rief und zu ihm sagte: "Lieber Mann, seit ich meine Arbeit auf der Erde tue, hat mich noch nie jemand so geehrt wie du. Heute muss ich viele Menschen zu mir rufen und du solltest der erste sein. Aber weil du mich auf diese Weise geehrt hast, werde ich mit dem letzten Namen auf der Liste beginnen. "Verstört antwortete der reiche Mann: "Ich bedanke mich für deine Freundlichkeit, aber ich bitte dich, beginne doch, wie vorgesehen, mit dem ersten Namen."

Aber der Tod hielt an seiner Entscheidung fest. Trotz der Bitte des reichen Mannes begann er mit dem Menschen, der als letzter auf der Liste stand. Und das war der Name des reichen Mannes. Aber der Tod wusste nicht, dass der reiche Mann seinen Namen selbst dorthin gesetzt hatte.

Deswegen sagt man: Wo immer auch man hingeht, man kann dem Tod nicht entrinnen. Auch in der Haut einer Ameise kann man dem Tod nicht entgehen.

36. Der Jäger und die Hirschkuh (Fon)

Mein Märchen springt hin und her und setzt sich endlich auf einen Jäger.

Eines Tages sah ein Jäger drei Hirschkühe, die an ihm vorbei gingen. Er kletterte auf eine Palme, um sie heimlich zu beobachten. Nacheinander legten die drei ihre Felle ab und verwandelten sich in drei sehr schöne Mädchen. Sie versteckten ihre Felle in einem Termitenhügel und gingen auf den Markt. Der neugierige Jäger aber kletterte von dem Baum herunter, nahm eines der Felle und steckte es in seine Tasche. Dann kletterte er zurück auf die Palme.

Am Abend kamen die drei Mädchen vom Markt zurück. Als sie sich wieder in die Felle hüllen wollten, merkten sie, dass eines der Felle fehlte. Es gelang zweien, sich wieder in Hirschkühe zu verwandeln. Aber vergeblich halfen sie der dritten, ihr Fell zu suchen. Es wurde immer dunkler und die Nacht brach herein.

Da verließen die beiden Hirschkühe die dritte. Kaum waren sie gegangen, erschien der Jäger und sagte der zurück gebliebenen Frau, er liebe sie und wolle sie heiraten. Sie antwortete: "Das ist nicht möglich. Du weißt doch, ich bin eine Hirschkuh. Ich bin mir sicher, dass du deiner Familie zu Hause alles über mich erzählen wirst." Aber der Jäger sprach und schmeichelte, und schließlich ließ sie sich überreden, seine Frau zu werden und ging mit ihm nach Hause. Natürlich wollte die erste Frau wissen, woher die neue Frau kam, aber sie konnte es nicht herausfinden. So lebte die neue Frau im Haus des Jägers und bekam drei Kinder.

Einmal, als der Jäger mit seiner ersten Frau ins Bett gehen wollte, verweigerte sie ihrem Mann den Beischlaf und sagte: "Ich weiß bis jetzt nicht, woher die neue Lieblingsfrau gekommen ist", und so zwang sie ihren Mann, ihr die Wahrheit zu sagen und der Jäger erzählte ihr die ganze Geschichte.

Eines Tages war der Jäger auf die Jagd gegangen und die beiden Frauen begannen, sich zu streiten. Die erste Frau beschimpfte die andere und sagte schließlich: "Du bist ein Tier, und ich weiß, dass dein Fell dort in diesem Termitenhügel versteckt ist!" Voller Wut lief die Tierfrau zum Termitenhügel, in dem ihr Mann das Fell versteckt hatte, nahm das Fell, schnitt kleine Stücke heraus, befestigte sie an ihren drei Kindern, verwandelte sich wieder in eine Hirschkuh, tötete die neugierige Frau mitsamt ihren Kindern und floh mit ihren eigenen Kindern in den Busch.

Wenig später kam der Jäger von der Jagd zurück und fand die Leiche seiner Frau und die toten Kinder auf dem Boden der Hütte liegen. Sofort kehrte der Jäger in den Busch zurück und sah die Hirschkuh dort. Aber sie wollte ihm nichts Böses antun und sagte nur: "Ich habe dich doch gewarnt, aber du konntest das Geheimnis nicht bewahren. Du wirst mich nie mehr wiedersehen."

Deshalb: Man soll einer Frau nicht alles sagen, was man weiß.

37. Yogbo und Wédé (Fon)

Mein Märchen springt hin und her und setzt sich endlich auf Yogbo, einen Schlemmer.

Yogbo war ein Schlemmer, der niemals satt wurde, ganz gleich, wie viel er aß. Damals fand am Ende eines jeden Jahres ein großes Fest in seinem Dorf statt. Anlässlich dieses Festes musste jeder dem König einen Teil der Früchte seiner Arbeit bringen. So mussten die Bauern einen Teil ihrer Ernte und die Goldschmiede einige Schmuckstücke bringen.

Yogbo sollte das Fest veranstalten. Er hatte einen zuverlässigen Freund namens Wédé. Die beiden Freunde gaben einander Ratschläge und halfen sich gegenseitig.

Zum Fest brachten auch die Frauen alle möglichen Nahrungsmittel herbei, Yam, Bohnen und Erdnüsse. Da die Ernte in diesem Jahr nicht so ertragreich war wie in anderen Jahren, versuchte Yogbo, seinen Freund auszubooten.

Es gab zwei Trommeln für das Fest, eine kleine und eine große, die beide den Beginn des Festes verkündeten. Yogbo gab seinem Freund Wédé die kleine Trommel und er selbst nahm die große. Wenn Wédé die kleine Trommel schlug, verstand man beim Zuhören: "Ich will nichts von niemandem! Ich will nichts von niemandem! Ich will nichts von niemandem!", und der Trommelschlag wurde ständig wiederholt. Wenn aber Yogbo auf seine große Trommel schlug, verstand man: "Es ist niemand am Leben, der nichts von niemandem will! Ich will Teig, ich will zerstoßene Yam, ich will Gold, ich will alles im Leben für mich!" Da seine Trommel diese Nachricht bis zum Ende des Festes immer wieder übermittelte, brachten alle Menschen ihm ihre Gaben, so dass Yogbo genug zu essen und zu trinken hatte.

Bis zum Ende des Festes schlug Wédé seine Trommel so eifrig, dass er ins Schwitzen geriet, aber er bekam nichts von all den Gaben. Yogbo aß zwar sehr viel, aber er konnte auch noch etwas mit nach Hause nehmen.

Auf diesem Fest hat Wédé nicht einmal einen einzigen Tropfen Wasser bekommen.

Deshalb: Man sollte den Ratschlägen, auch denen von Freunden, nicht unbesehen folgen, sondern auch diese überprüfen.

38. Der Jäger und die schöne Frau (Gun)

Mein Märchen springt hin und her und setzt sich schließlich auf einen Jäger.

Dieser Jäger ging täglich auf die Jagd. Eines Tages begegnete er einigen schönen Frauen, die sich ihren Weg mit einem großen Messer durch den Busch bahnten. Er staunte und fragte sich, was das wohl für Frauen sein könnten.

Eines anderen Tages, als er von der Jagd zurück kam, begegnete er wieder jenen Frauen, die wie vorher ihren Weg durch den Busch gingen. Er wurde neugierig und fragte sich, wohin sich die Frauen begaben, weil er sie schon wieder sah. Um das herauszufinden, begann er, sie auszuspähen.

Eine der Frauen war besonders schön. Einmal folgte er den Frauen zu ihrem Wohnplatz und stellte fest, dass sie alle in Wahrheit wilde Tiere waren. Wenn sie weggehen wollten, zogen die Frauen ihren Pelz aus, verwandelten sich in Menschen und gingen dann in die Stadt, wo sie auf dem Markt Handel trieben. Wenn sie heimkehrten, zogen sie ihren Pelz wieder an.

Der Jäger nahm heimlich den Pelz der schönsten Frau an sich, versteckte ihn in seinem Haus und kehrte zur Wohnstätte der Frau zurück, wo er sich selbst gut versteckte. Kurz darauf kamen die Frauen nach Hause, und jede zog ihren Pelz an, nur die schönste konnte den ihren nicht finden. Sie suchte und suchte, doch vergeblich. Sie konnte es sich nicht erklären, und schließlich ließen die anderen Frauen sie allein.

Da kam der Jäger aus seinem Versteck und fragte sie: “Suchst du etwas?” Sie sagte aber, es sei alles in Ordnung. “Sag mir, was los ist”, sagte der Jäger noch einmal, aber sie gab ihm die gleiche Antwort. Da sagte der Jäger zu ihr: “Du bist sehr schön. Deshalb will ich dich heimführen.” Die Frau entgegnete: „Willst du mich wirklich heiraten?” – „Ja!” antwortete der Jäger. „Wirst du auch meine Sitten respektieren?” - “Ja, das werde ich tun!”, versprach der Jäger. „Als Wichtigstes musst du wissen, dass ich ein Wildtier bin. Kannst du dieses Geheimnis vor jedermann bewahren?" Der Jäger bejahte das, und die Frau ging mit ihm in sein Haus. Dort machte er sie zu seiner zweiten Frau, denn er hatte schon eine Frau. Die erste und die zweite Frau bekamen immer etwas von dem, was der Jäger mit nach Hause brachte.

Nach einer Weile brachte die schöne Frau ihrem Mann ein Kind zur Welt. Die Kinder beider Frauen waren zusammen immer lustig und vergnügt, bis eines Tages eines der Kinder zu weinen begann. Das war der Grund, weshalb die beiden Frauen begannen, sich zu streiten. Sie stritten heftig und ohne Ende.

Als der Jäger seine zweite Frau mitgebrachte hatte, hatte er seiner ersten Frau anvertraut, dass die neue Frau ein Wildtier war und sie gebeten, ihr nicht zu sagen, dass er ihren Pelz oben unter dem Dach versteckt hatte.

Während des langen, bösen Streites jedoch konnte sich die erste Frau nicht zurückhalten und verriet den Leuten, die dort waren: „Diese Frau, die ihr dort seht, ist eigentlich ein Wildtier und mein Mann hat sie heimgeführt." Die Frau war erschrocken und fragte: „Woher weißt du das? Wie kannst du das beweisen?" Die erste Frau erwiderte: „Willst du den Beweis dafür haben, so geh ins Haus und schau unter dem Dach nach. Dort wirst du deinen Pelz finden!" Die zweite Frau ging wütend ins Haus und fand tatsächlich unter dem Dach ihren Pelz. Sie nahm den Pelz, schnitt ihn in zwei Teile, zog einen Teil über ihr Kind und den anderen Teil zog sie selbst an. Dann verwandelte sie sich in ein wildes Tier. Sie fiel über die erste Frau her und fraß sie auf und floh in den Busch.

Auf ihrem Weg durch den Busch sahen sie den Jäger und der Jäger erblickte sie ebenfalls und erkannte seine Frau und das Kind. Das wilde Tier fiel nun auch über den Jäger her, tötete ihn und fraß ihn auf. Danach gingen die beiden wilden Tiere, das Kind und die Frau, weiter ihren Weg in den Busch.

Deshalb sagt man: Ein Geheimnis muss ein Geheimnis bleiben und deshalb geheim gehalten werden.

39. Der Jäger und die Boa (Mina)

Mein Märchen springt hin und her und fällt auf einen Jäger und eine Boa.

Es war einmal ein Mann, der keinen Beruf erlernt hatte. Er ging weder fischen noch betrieb er Ackerbau. Seine einzige Beschäftigung war die Jagd, das heißt, er war Jäger. Jeden Tag ging er in den Busch und stellte Fallen auf, aber es gelang ihm nicht, viele Tiere zu fangen. Nur manchmal fing er ganz kleine Tiere wie Mäuse, Ratten und manchmal ungewöhnliche Vögel.

Der Jäger machte sich große Sorgen um seine Zukunft und dachte oft darüber nach. „Ich armer Mann! Welch trauriges Schicksal erleide ich! Ich bin arm geboren und obwohl ich mich bemühe, habe ich keinen Erfolg. Keine Frauen, keine Kinder. Muss ich arm sterben? Du lieber Gott! Rette mich!", dachte er bei sich. Wenn er krank war, stand ihm niemand bei und er lebte einsam in einer Hütte in einem kleinen, abgelegenen Dorf.

Eines Tages kontrollierte der Jäger wie üblich seine Fallen. An jenem Tag war die Jagd noch fruchtloser verlaufen als in den Tagen zuvor. Keine einzige Beute bis zur letzten Falle! Als die Sonne beinahe schon untergegangen war, hörte er aus dem Gebüsch vor sich ein grauenhaftes und trauriges Geschrei. Und was erblickte er? Eine lange, dicke Boa mit roten Augen hatte sich in der Falle verfangen. Der Jäger lud seine Waffe und war dabei, die Boa zu erschießen, als das Tier bat: "Töte mich nicht!" - "Ich muss dich töten, du böses Tier. Mein ganzes Leben lang habe ich kein so großes böses Tier wie dich getötet. Seit dem Morgen habe ich noch nichts gegessen. In dieser Nacht wirst du dich in meinem Kessel befinden!", antwortete der Jäger voller Ernst. „Verschone mich und töte mich nicht mit diesem schrecklichen Schmerz und du wirst für deine gute Tat belohnt werden!", versprach die Boa.

Dem Jäger gingen viele Gedanken durch den Kopf und er dachte bei sich: „Eine Boa, das ist ein böses, fleischfressendes, wildes Tier, das einen ganzen Menschen mit Haut und Haar und

Knochen verschlingen kann. Nein, sei nicht dumm, denn was für eine Belohnung würdest du bekommen? Es ist nichts als Schmeichelei. Schon mein Vater sagte immer: „Ein Spatz in der Hand ist besser als eine Taube auf dem Dach." Er richtete die Waffe erneut auf die Boa, und die begann, Himmel und Erde in Bewegung zu setzen, um dem Tod zu entkommen. Sie versprach: „Ich weiß, dass du arm bist. Deine Anstrengungen, um zu Reichtum zu kommen, sind immer gescheitert. Aber jetzt hast du eine einmalige Gelegenheit, sehr reich und berühmt zu werden und das innerhalb einer einzigen Sekunde. Aber wenn du mich tötest, wirst du ärmer als vorher. Ja, ich bin mir meiner Gier und meiner Gefräßigkeit bewusst. Nun erkenne ich die Grenzen meiner Stärke. Du hast also die Wahl: Reichtum oder ewige Armut."

Nach langem Zögern befreite der Jäger die Boa. "Vielen Dank für die gute Tat! Du hast eine gute Wahl getroffen. Ehre, wem Ehre gebührt. Nimm diese drei unzerbrechlichen kleinen Kürbisflaschen. Die erste macht dich reich und berühmt, die zweite macht dich zum Oberhaupt einer großen Familie und die dritte bewirkt, dass du alle Sprachen der Welt verstehst, ja sogar die Sprache der Tiere. Geh nach Hause und wirf sie nacheinander auf den Boden und bedenke: Ein Mann, ein Wort!" Nach diesen Worten verabschiedete sich die Boa von dem Jäger und der lief mit den drei Flaschen nach Hause. Zu Hause warf er die erste kleine Flasche auf den Boden und daraus sprangen Gold, Geld und wertvolle Edelsteine aller Art hervor. Der Jäger sang und tanzte vor Freude. Dann warf er die zweite kleine Flasche auf den Boden. Eine Jungfrau mit lockigem Haar klopfte an seine Tür und wurde seine erste Frau. Innerhalb einer Woche heiratete er über fünfzehn Frauen. Die dritte kleine Flasche verhalf ihm dazu, alle Sprachen und die Sprache der Tiere zu verstehen. Der Jäger wurde sehr reich und sein Ruf reichte weit über die Grenzen seines Landes hinaus, und so lebte er einige Jahre in Reichtum und Wohlstand.

Zwanzig Jahre später ergriff das ganze Land eine große Hungersnot. Eines Tages, als der Jäger sich gerade ausruhte, hörte er, wie sich sein Hund mit anderen Hunden unterhielt. Er hörte, dass

sie sagten, er müsse unbedingt die drei kleinen Flaschen loswerden, wenn er weiterleben wolle. Täte er dies aber, würde er ärmer als zuvor. Binnen sieben Tagen müsse er wählen: entweder seinen Reichtum erhalten und sterben oder arm sein und leben. Das war keine leichte Wahl für den Jäger!
Er stand also vor einer sehr großen Entscheidung. Der Jäger war sehr traurig und besorgt und schien seiner Sinne nicht mehr mächtig zu sein. Bald schaute er seine wertvollen Edelsteine an, bald ging er zu seiner Geldkassette oder zu den glänzenden Schmuckstücken. "Was ist mit dir los, lieber Gemahl?", fragte ihn eines Tages seine älteste Frau. "Es ist alles in Ordnung, alles ist so, wie ich es mir wünsche", antwortete er. Aber bei sich dachte er: "Hätte ich die Boa damals getötet, so hätte ich die Schwierigkeiten heute nicht. Aber nun ist es zu spät. Ich muss nun für meine Dummheit bezahlen."

Der Schicksalstag kam heran. Der Jäger rief seinen ältesten Sohn zu sich und sprach: "Mein Leben ist zu Ende. Du musst mein Erbe sichern, mehren und weiterführen. Eines Tages rettete ich eine große Boa, und als Belohnung gab sie mir drei kleine Kürbisflaschen, die zu Quellen meines Reichtums und meines Rufes wurden. Nach meinem Tod musst du deine Stiefmütter heiraten. Deine Geschwister sind dann deine Kinder und unsere Ahnen werden dir immer beistehen." Daraufhin schloss er die Augen und verschied.

Der älteste Sohn folgte dem Rat des Vaters und wurde noch berühmter als er.

Deshalb: Man sollte Gutes tun, denn eine Wohltat wirkt über den Tod hinaus.

40. Ajadó, der Leprakranke und seine Frau (Maxi)

Mein Märchen springt hin und her und fällt auf Ajadó, einen Leprakranken.

In den Urzeiten lebte in einem abgelegenen Dorf ein Leprakranker namens Ajádó. Er hatte keine Frau. All seine Versuche, wenigstens eine einzige Frau zu haben, scheiterten. Seine Krankheit bedeckte ihn mit so viel Schande in seinem Dorf, dass er in ein anderes Dorf wegziehen musste. Dort angekommen, begann er, einen Jäger auf die Jagd zu begleiten, so dass er auch jagen lernte.

Nun geschah es einmal, dass er auf der Jagd einen bemerkenswert schönen Baum namens xètín[9] sah; so schön, dass er ihn fällen und den Stamm nach Hause tragen wollte. Kaum hatte er seine Axt erhoben, um den Baum zu fällen, da fing dieser zu sprechen an und bat den Jäger, ihn nicht umzuhauen. Plötzlich verwandelte sich der Baum in ein sehr schönes Mädchen. Der Jäger bekam große Angst und sagte: „Wieso kann sich ein Baum in einen Menschen verwandeln? Ich sollte dich töten!" Das Mädchen erwiderte ihm: „Schieß nicht! Ich möchte dich heiraten, denn ich habe dein Elend gesehen, und ich kenne dein Leid. Aber Achtung, du darfst niemandem sagen, dass ich ein Baum aus dem Wald bin!"

Sie heirateten und der Leprakranke kam mit seiner Frau nach Hause. Das Mädchen war schöner als alle anderen Frauen im Dorf. Alle Dorfbewohner waren darüber erstaunt, dass ein so schönes Mädchen einen Leprakranken zum Mann nahm, und sie sagten: „Wie ist es zu verstehen, dass ein so hübsches Mädchen nicht einen von uns, sondern einen Leprakranken heiratet? So etwas darf es hier nicht geben!" Sie versuchten vergeblich, ihm die Frau abspenstig zu machen. Sie sagten: „Da es uns nicht gelungen ist, ihm die Frau zu nehmen, so wollen wir dem König Bescheid geben, dass er selbst diese Frau heiraten soll!"

---

[9] Xètín: Schöner und kleiner Baum mit zahlreichen Stacheln; wächst vor allem auf den Feldern im südlichen Teil Benins.

Sie benachrichtigten daraufhin den König, der sagte: „So etwas ist in meinem Reich nicht möglich. Alle schönen Frauen in diesem Königreich unterstehen meinem Befehl!“ So sprach er und berief das ganze Reich früh am folgenden Morgen vor seinen Palast ein. Dabei sollten alle Männer von ihren Frauen begleitet werden. So geschah es!

Auch der Leprakranke war mit seiner Frau anwesend. Der König ergriff das Wort und sagte: „Liebe Untertanen, wie ihr wisst, bin ich der König dieses Reiches und somit der einzige, der über die Männer und die Frauen dieses Reiches herrscht. Alle Männer und Frauen, deren Dienst der König bei Hofe benötigt, dürfen sich nicht verweigern, weil das von öffentlichem Interesse ist. Ab heute tritt die Frau des Leprakranken in den Dienst des Königs am Hofe!“ Die Frau wurde dem Leprakranken mit Gewalt entrissen. Der Leprakranke und seine Frau hatten zuvor von diesen Machenschaften erfahren. Bevor sie zum König kamen, hatte ihm seine Frau ein Fìfòbó[10] mit entsprechenden Zauberformeln und anderen Anweisungen gegeben, damit sie sich woanders wieder treffen könnten. Denn sie sagte ihm: „Ich liebe nur dich!“ Als der Leprakranke zum König kam, nahm er auch eine Trommel mit.

Ajádó, der Leprakranke, bahnte sich einen Weg durch die Menschenmenge, stellte sich vor den König hin und sprach: „Ehre sei unserem König! Wann wird denn Gerechtigkeit in diesem Königreich herrschen? Betrachten Sie einmal, mächtiger König, wie unzählig Ihre Frauen am Hofe sind und genau die einzige, die mir gehört, wollen Sie mir jetzt wegnehmen. So werde ich ledig!“ Als er das sprach, begann er seine Trommel zu schlagen. Er stimmte dazu ein Lied an: „Vor langem bin ich, Ajádó in diesem Land angekommen und ich habe nach wie vor keine Unterstützung gehabt. Dann habe ich meine Frau aus…!“

Er sang das halbe Lied und wartete ein Weilchen, denn wenn

---

[10] Fìfòbó bezeichnet ein Zaubermittel. Wer darüber verfügt, vermag mit bestimmten Formeln zu verschwinden oder sich in andere Gestalten (z.B. Tiere oder Naturelemente) zu verwandeln, um einer Gefahr zu entkommen.

er sagte, dass seine Frau ein Baum war, dann würde sie sich sofort vor allen Anwesenden in einen Baum verwandeln. So sang er das Lied bis zur Hälfte und wartete, um zu sehen, ob der König sich seiner erbarmen würde. Alle Anwesenden waren ganz still und beobachteten ihn und den König. Der König aber hatte gar kein Mitleid mit ihm. Das ärgerte Ajádó und er stimmte das Lied zum dritten Mal an:

„Vor langem bin ich, Ajádó in diesem Land angekommen
und ich habe nach wie vor keine Unterstützung erhalten.
Dann habe ich meine Frau aus dem Wald geheiratet, aber
meine Feinde haben sie entführt und dem König gegeben.
Wenn sie dem König gehören muss, dann sei sie wieder ein
Baum aus dem Wald!“

Und sofort verwandelte sich die Frau vor dem König und allen Anwesenden in einen Baum zurück. Daraufhin befahl der König seinen Soldaten, Ajádó zu töten. Als sie sich auf ihn stürzen wollten, stimmte er nochmals das Lied an, sprach einige Zauberformeln und verschwand sogleich. Mit ihm verschwand auch der Baum, und Ajádó und seine Frau trafen sich im Wald wieder. Seine Frau sagte ihm: „Jetzt kehren wir nicht mehr in dieses Land zurück, sondern in ein anderes!“

Und beide gingen in ein anderes Land und ließen sich dort nieder und lebten glücklich.

Deshalb sagt man: Wenn eine Frau einen Mann liebt und ihm das Jawort gibt, kann dieser sich auf sie verlassen.

41. Ein kluger Bräutigam (Gun)

Mein Märchen springt hin und her und setzt sich endlich auf die Hyäne und eine alte Dame.

Zur Zeit unserer Urahnen lebte in einem Land ein König, der eine Tochter hatte.

Als die schöne Prinzessin alt genug war, um zu heiraten, wollte der König sie jemandem zur Frau geben. Dazu kam, dass das Dach seines großen Empfangsraumes im Palast kaputt gegangen war und er es reparieren lassen musste.

Da in den alten Zeiten Menschen und Tiere noch mit einander sprechen konnten, berief der König eines Tages eine große Versammlung in seinen Palast ein und lud dazu alle Tiere ein. Unter den Tieren, die dieser Einladung folgten, befanden sich auch der Panther, der Löwe, der Hase, die Hyäne, der Elefant, die Schildkröte und der Tiger.

Als alle Tiere versammelt waren, sagte der König zu ihnen: „Herzlich willkommen! Ich habe euch eingeladen, denn ich plane einen Wettbewerb, der mit einer Belohnung gekrönt wird. Wer morgen früh als erster einen Strohballen hierher bringt, der soll meine Tochter zur Frau bekommen.“ Kaum hatte der König ausgeredet, da brach unter den Tieren ein Gemurmel aus. „Ich bin kräftig und schnell. Die Prinzessin wird mir gehören!“, sagte der Elefant laut und die anderen Tiere stimmten ein.

Als die anderen Tiere nach Hause gingen, ging die Schildkröte sofort in den Busch, um dort das Stroh zu suchen, denn sie war natürlich langsam; und das schien ihr das einzige Mittel zu sein, den Wettbewerb zu gewinnen. Bevor die anderen Tiere nur aufgewacht waren, kam sie schon mit ihrem Strohballen auf dem Kopf wieder aus dem Busch. Als die Schildkröte auf ihrem Weg zum Palast war, traf sie den Elefanten, der kräftig stampfend in den Busch ging, um dort Stroh zu suchen und alle anderen Tiere folgten ihm.

Die Schildkröte war noch auf ihrem Weg, als der Elefant sie mit seinem Strohballen überholte. Aber weil die Schildkröte um jeden Preis die Prinzessin heiraten wollte, entschied sie sich dafür, den Elefanten herauszufordern. So nahm sie ihre Flöte und begann zu singen:

„Der Onkel Elefant läuft schnell, schnell, schnell,
und gräbt mit aller Kraft das Stroh aus,
und mit aller Kraft, läuft er schnell
und spielt den Mächtigen.
Was uns betrifft, brauchen wir nicht zu laufen."
Nach dem Lied versteckte die Schildkröte ihre Flöte in ihrem Strohballen.

Als der Elefant das Lied hörte, wurde er zornig und wandte sich um, um den Sänger zu zertreten. „Wer wagt es, über mich zu spotten?", fragte der Elefant die Schildkröte. „Ich weiß nicht, der Sänger ist vielleicht noch dort hinten", antwortete die Schildkröte, und der Elefant lief zurück zum Busch, aber er fand keinen Sänger und kam zurück.

Immer, wenn der Elefant ein wenig gelaufen war, sang die Schildkröte das Lied wieder, und der Elefant wandte sich jedes Mal um, um den Sänger zu fangen. Das passierte drei Mal. Während des Hin und Her des Elefanten näherte sich die Schildkröte dem Palast und war schließlich als erster da.

Noch bevor der Elefant und die anderen Tiere im Palast angekommen waren, erhielt die Schildkröte schon die schönen Stoffe, und die Minister des Königs gratulierten ihr. Die Schildkröte war der Sieger und von da an der Mann der Prinzessin. Die anderen Tiere aber waren eifersüchtig und drohten ihr, sie wollten sie töten. Also bat der König den Bokonon, das Orakel zu befragen, um heraus zu finden, ob seine Tochter mit der Schildkröte unbeschadet nach Hause gehen könne.

Nachdem das Orakel befragt worden war, sagte der Bokonon: „Es gibt viele Schwierigkeiten auf der Straße. Man muss etwas tun." – „Was müssen wir tun?", fragte der König. „Wir brauchen eine Kalebasse, die mit Bäbä angemalt werden muss. Dann wird der Zisiphus sie an den Fluss bringen, den die Schildkröte überqueren muss, bevor sie in ihrem Haus ankommt“, antwortete der Bokonon. Das wurde getan und die Schildkröte und die Prinzessin versteckten sich darin.

Inzwischen warteten die anderen Tiere schon am Ufer des Flusses. Der Zisiphus brachte die Bäbä-Kalebasse ans Ufer. Da die Kalebasse einen widerlichen Geruch verbreitete und der Tiger schon ungeduldig war, nahm er die Kalebasse und warf sie fort. Die Kalebasse stieß an einen Baum, der auf der anderen Seite des Flusses stand und zerbrach. Da stiegen aus der Kalebasse die Schildkröte und die Prinzessin, und alle beide waren sehr glücklich, der Falle anderer Tiere entkommen zu sein.

Nun wurden die anderen Tiere noch wütender und begannen, den Tiger zu schlagen, bis er fliehen musste.

Deshalb: Man soll jedem seinen Platz zugestehen, wie klein er auch immer sein mag.

42. Der Bauer, der Dieb und die Honigsucher (Bariba)

Hören Sie mein Märchen!
Wir sind dabei ganz Ohr!

Vor vielen, vielen Jahren gab es einmal einen Bauern, dessen Feld weit von seinem Haus entfernt war. Es gab auch einen Dieb, dessen Hof nur wenige Meter vom Haus des Bauern entfernt war. Der Bauer hatte den König zum Nachbarn. Wenn der Bauer auf seinem Feld war, kam öfters der König und schlief mit der Frau des Bauern. Wenn der Bauer dann von seinem Feld zurückkehrte, fand er Spuren dieses Besuches und fragte seine Frau, wer zu Besuch gewesen sei. Energisch bestritt die Frau, dass irgendjemand dagewesen sei, ja, sie schwor sogar in Gottes Namen. Der Bauer schwieg und wartete.

In einer mondhellen Nacht kam das Pferd des Königs, um beim Bauern Hirse zu fressen. Das Kaugeräusch des Pferdes weckte die Frau des Bauern, die wiederum ihren Gemahl mit den Worten weckte: "Steh auf! Steh auf! Ein unbekanntes Tier frisst unsere Hirse!" Der Bauer stand auf, schaute nach und fand den Verdacht bestätigt. Er sah das Tier, nahm einen Pfeil, legte ihn auf, zielte und schoss. Der Pfeil erreichte sein Ziel, und weil der Pfeil vergiftet war, wurde das Tier verletzt und schleppte sich davon. Als der Bauer zu seiner Frau zurück kam, fragte sie ihn, ob er sein Ziel getroffen habe. "Hoffentlich!", antwortete der Mann.

Am nächsten Tag folgten der Bauer und seine Frau den Spuren des Pferdes und sahen, dass es am Rande ihres Feldes zusammengebrochen und gestorben war. Da fürchtete sich der Bauer und sagte seiner Frau, dass ihr beider Leben in Gefahr sei, weil er das Pferd des Königs getötet habe. Er befahl seiner Frau, nach Hause zurückzukehren, er wolle fliehen, weil er sicher enthauptet würde, wenn die Leute seine Tat bemerkten. Aber die Frau beruhigte ihn und sagte, er solle nur hier bleiben und das Pferd begraben.

Der König besuchte weiterhin die Frau, wenn der Bauer auf dem Feld war. Aber wenn der Bauer seine Frau fragte, bestritt sie jedes Mal, dass sie Besuch gehabt habe. Der Mann fasste sich in Geduld und schwieg.

Eines Tages kam der König wieder zu der Frau des Bauern, aber er fühlte sich nicht wohl. Er beklagte sich bei der Frau und sie nahm die Arznei ihres Mannes und gab sie dem König. Als der Bauer später heimkehrte, bemerkte er, dass sich seine Arznei nicht am gewohnten Platz befand. Er fragte seine Frau, ob sie krank sei und die Arznei eingenommen hätte. Aber die Frau bestritt das und zeigte großen Ärger. Der Mann beruhigte sie mit freundlichen Worten und schwieg.

Die Zeit verging. Und als der Bauer eines Tages wieder auf sein Feld gehen musste, vergiftete er die restliche Arznei. Der König kam wieder zu der Frau des Bauern. Aber auch diesmal fühlte er sich nicht gut und bat wieder um die Arznei. Die untreue Frau wusste nicht, dass die Arznei vergiftet war und gab sie dem König. Kaum aber hatte der König die Arznei zu sich genommen, fiel er hin und starb. Als die Frau das bemerkte, erschrak sie gewaltig, ließ den Leichnam liegen, fing an zu jammern, setzte sich vor dem Haus unter einen Baum und weinte bitterlich.

Nach einer kurzen Weile kam der Bauer heim und fand seine Frau in Tränen aufgelöst unter dem Baum. „Was ist passiert? Sag mir, was passiert ist!" forderte der Bauer immer wieder, aber die Frau weinte nur immer mehr und sagte schließlich: „Geh ins Haus. Ich kann es dir nicht sagen!" – „Was kann sich denn in unserem Haus befinden? Ich habe nur dich allein zurückgelassen!", erwiderte der Bauer. Er nahm die Hand seiner Frau und beide gingen zusammen ins Haus. „Jedes Mal, wenn ich gefragt habe, ob jemand in meiner Abwesenheit hier war, hast du es bestritten. Aber was ist das? Kannst du es heute auch bestreiten?" Das konnte sie freilich nicht mehr, aber sie bat ihn um Hilfe.

Gerade jetzt hörte der Bauer, wie ein Dieb zu seiner Frau sagte: „Wenn ich heute stehlen gehe, so wird es nicht lange dauern, ich komme bald zurück." Der Bauer verpackte daraufhin den Leichnam des Königs gut, und als die Nacht hereingebrochen war und der Dieb das Haus verlassen hatte, nahm der Bauer das große, schwere Paket und brachte es zum Haus des Diebes. Die Frau nahm das Paket entgegen und brachte es ins Haus, ohne es zu öffnen. Als der Dieb kurze Zeit später mit einem kleinen Paket zurück kam, gab er es seiner Frau. Die sagte: "Mann, heute hast du aber viel gestohlen!" Der Dieb wunderte sich und sagte: "Nein, heute war es nicht viel." – „Und was ist mit diesem großen Paket hier?", fragte die Frau. "Welches Paket meinst du? Ich habe nur das kleine gebracht!", und sie begannen zu streiten und betraten das Haus.

Die Frau zeigte ihm das große Paket, der Dieb öffnete es und entdeckte den Leichnam des Königs. "Mit dieser Sache habe ich nichts zu tun!", behauptete der Mann, aber die Frau war böse und wollte sich sofort von ihm scheiden lassen. „Willst du mich verlassen oder ist nur der Inhalt des großen Paketes der Grund für deinen Scheidungswunsch?", fragte der Dieb seine Frau.

"Dieses Paket ist doch kein Problem!", behauptete er und überzeugte seine Frau davon, dass es besser sei, bei ihm zu bleiben.

Auf seinem Weg nach Hause hatte der Dieb einige Honigsammler gesehen. Er nahm den Leichnam, verschnürte das Paket wieder und ging zu den Honigsammlern. "Gebt mir - ich bitte euch - mindestens einen Liter Honig, sonst muss ich gleich sterben!", bat der Dieb. "Dann stirb, denn du hast uns kein Geschenk geben können!", erwiderten die Honigsammler. Der kluge Dieb aber gab ihnen den Leichnam und suchte das Weite. Sie brachten das große Paket zu ihrem Hause, öffneten es und fanden die Leiche in dem Paket des Diebes. Nun sind die Honigsucher aber klug und mächtig.

Die Tradition verbietet es strengstens, des Nachts den Hof des Königs zu betreten. Wer das trotzdem tut, wird enthauptet. Die Honigsammler aber legten einen Zauber auf die Wachen des Königshofes und stellten den Leichnam wie einen lebendigen Menschen mitten im Hof auf. Als die Wächter aus ihrem tiefen Schlaf erwachten, fanden sie einen Mann, der mitten im Hof stand. Dreimal fragten sie laut: "Wer bist du?", aber der Mann antwortete nicht. So hieben sie dem unbekannten Mann in der Dunkelheit den Kopf vom Rumpf.

Erst am Morgen erkannten sie, dass sie ihren König geköpft hatten.

Wer von den drei Personen, der Bauer, der Dieb oder der Honigsammler ist nun der Klügste?

43. Die Affen und ein Mädchen mit seiner Mutter (Dendi)

Hier ist mein Märchen. Wir heißen es willkommen:
Die Affen und ein Mädchen mit seiner Mutter.

In einem Dorf lebten einmal Affen. Sie waren Metzger und verkauften Ochsen an alle Menschen. In diesem Dorf lebte auch ein Mädchen mit seiner Mutter.

Eines Tages, als die Affen mit ihren Ochsen am Hause des Mädchens vorbei kamen, machten sie Halt. „Hier ist ein Ochse!", sagten sie zu dem Mädchen. Das Mädchen lief zu seiner Mutter und brachte ihr diese Botschaft. „Ich habe kein Geld", sagte die Mutter, „geh und sage ihnen das. Und ich will nichts von dem Ochsen haben." Aber das Mädchen aß sehr gern Fleisch. So ging sie zu den Affen und sagte: „Meine Mutter empfiehlt euch, den Ochsen hier anzubinden." Die Affen taten, was das Mädchen ihnen gesagt hatte. Darauf schrie das Mädchen: „Mutter, sie binden den Ochsen hier fest!" – „Nein, ich will das nicht!", erwiderte die Mutter und fügte hinzu: „Sag ihnen, sie sollen mit ihrem Ochsen weggehen!"

Das Mädchen ging zu den Affen und befahl ihnen, den Ochsen zu schlachten. Dann kehrte es zu seiner Mutter zurück und sagte: „Der Ochse ist schon geschlachtet!" – „Nein, ich will das nicht!", sagte die Mutter. Das Mädchen ging zurück zu den Affen und sagte, sie sollten den Ochsen zerkleinern. Nachdem die Affen den Ochsen zerkleinert hatten, brachten sie das Fleisch zur Mutter und verlangten Geld dafür. „Nein, ihr bekommt keines; ich habe kein Geld!", sprach die Mutter. „Das macht nichts!", sagten die Affen und fügten hinzu: „Da du kein Geld hast, werden wir jeden Freitag kommen, um dich auszupeitschen." - „Was sagt ihr da?", fragte die Mutter. "Wir werden jeden Freitag zu dir kommen und dich auspeitschen!", wiederholten die Affen. „Das ist mir recht.", sagte die Mutter und die Affen gingen weg.

Am nächsten Freitag kamen die Affen zur Mutter. Sie sprangen über die Mauer des Hofes und peitschten die Mutter und ihre

Tochter gehörig aus. So ging das zwei Wochen lang. Immer freitags wurden die Mutter und die Tochter ausgepeitscht. Nun besaß die Mutter einen Hund, der sich immer ganz still verhielt, wenn die Affen die Mutter und die Tochter auspeitschten. „Warum bist du wie gelähmt, während die Affen auf uns einschlagen?”, fragte die Mutter den Hund. Der Hund antwortete: „Ich bekomme nie einen Knochen zu fressen. Deshalb rühre ich mich nicht.” Da sammelte die Mutter Knochen für den Hund, und nachdem der Hund sie gefressen hatte, versprach er, ihr zu helfen.

Der Hund suchte sich eine Peitsche und sagte: „Koche den Brei schon am Donnerstagabend und halte ihn gut warm!” Die Mutter tat, wie der Hund es verlangte. Nun riet der Hund ihr, die Kalebassen mit dem Brei zu füllen und sie auf die Mauer am Tor zu stellen.

Am Freitag saß der Hund mit seiner Peitsche da und wartete auf die Affen. Plötzlich sprangen die Affen über die Mauer und warfen dabei die Kalebassen zu Boden. Der Brei spritzte überall umher. Der Hund aber forderte die Affen auf, den heißen Brei wieder aufzulesen. Die einen sollten es mit ihren Hinterbacken, die anderen mit den Händen und die dritten mit dem Mund tun.

Seit dieser Zeit sehen die Hinterbacken und die Hände der Affen aus, als hätten sie Brandwunden.

44. Das Waisenkind (Gun)

Mein Märchen springt hin und her und setzt sich schließlich auf einen Waisenknaben und den Sohn eines Gutsherrn.

Eines Tages begleitete ein Waise den Sohn des Gutsherrn zum Acker seines Vaters. Der Gutsherr hatte als der oberste Vertreter des Königs in dieser Gegend große Macht und man erwies ihm große Ehre. Die beiden Kinder waren miteinander aufgewachsen, waren sich sehr zugetan und machten alles zusammen. Auf dem Acker des Gutsherren gab es alles zu essen, was das Herz begehrte, nämlich Früchte, Maniokknollen, Süßkartoffeln, Gemüse, Getreide - also alles, um den Hunger zu stillen.

Eines Tages beschlossen die beiden Kinder, sich auf Abenteuer zu begeben und irgendwann bekamen sie dann Hunger. Der Sohn des Gutsherrn befahl dem Waisenkind, etwas vom Feld zu holen, was sie essen konnten. Aber der Waisenknabe bat ihn, es selbst zu tun, denn das Feld gehörte ja dem Gutsbesitzer. Der Sohn des Gutsbesitzers aber weigerte sich, das zu tun. So holte der Waisenjunge einige Süßkartoffeln, machte Feuer und begann, sie zu kochen. Als sie fertig gekocht waren, nahm der Sohn des Gutsbesitzers ein Stück, bestreute es mit Salz und probierte es. Es schmeckte ihm gut, und er nahm auch noch das andere Stück. Der Waisenjunge aber sagte ihm: "Du wusstest, dass die Süßkartoffeln reif sind und dir wohl schmecken würden, und doch hast du dich geweigert, sie vom Feld deines Vaters zu holen. Es ist Unrecht, dass du sie jetzt genießt." Der Sohn des Gutsbesitzers wurde wütend, nahm Asche aus dem Feuer und verbrannte damit das Gesicht des Waisenknaben. Das konnte der Waisenjunge nicht dulden, nahm ebenfalls Asche und verbrannte den Sohn des Gutsbesitzers im Nacken. Daraufhin ging der Sohn zu seinem Vater, dem mächtigen Gutsbesitzer und erzählte ihm alles, was geschehen war.

Der Gutsbesitzer beauftragte sofort zwei Diener, um den Waisenjungen zu holen. Der aber hörte sich den Befehl des Gutsherrn an, weigerte sich, mitzukommen und verlangte, dass der

Gutsherr selbst zum Acker kommen solle. Die beiden Diener liefen zurück und berichteten ihrem Herrn davon. Der Gutsherr empfand das als Unbotmäßigkeit und stapfte wütend zu seinem Acker.

Von weitem erblickte der Waisenknabe den Gutsherren auf den Acker zukommen und empfing ihn mit einem Lied, das um Erbarmen bat:

“Oh, mein Herr, mein würdiger Herr!
Kommen Sie bitte her!
Ich möchte Ihnen etwas sagen.
Ich habe Euren Sohn,
den Sohn des Reichen, des Perlen- und Goldbesitzers,
gebeten, Süßkartoffeln von Eurem Acker für uns zu holen.
Er hat es nicht getan, hat die Knollen nicht aus der Erde gezogen.
Ich habe es getan für uns beide.
Kaum waren die Süßkartoffeln gekocht, aß er alles auf.
Als ich ihn zur Rede stellte,
verbrannte er mich im Gesicht.
Ich wiederum verbrannte ihn im Nacken.
Oh, gnädiger Herr,
Ihr habt nun das Urteil zu fällen
und ich höre zu.”

Als der Waisenjunge damit geendet hatte, empfand der Gutsherr tiefes Mitleid. Er bedachte, dass der Waisenjunge im Recht war und dankte ihm, dass er seinem Sohn einen Gefallen getan hatte. Er gab dem Waisenjungen den Acker und andere Schätze aus seinem eigenen Vermögen und behielt ihn als seinen geliebten Diener. Nun war das Waisenkind sehr glücklich und besaß alles, wovon es nie vorher geträumt hatte.

So zahlt sich manchmal die Wohltat aus.

45. Die Rückzahlung der Mitgift (Gun)

Mein Märchen springt hin und her und setzt sich endlich auf einen armen Mann.

Dieser Mann lebte in einem abgelegenen Dorf und war so arm, dass er nicht wusste, wie er für sich und seine Familie sorgen konnte. Er hatte eine Tochter, die Tossi hieß. Tossi war sehr schön und ihr wurden viele verliebte Blicke zugeworfen. Unter ihren zahlreichen Verehrern wagte ein Mann, den ersten Schritt zu machen, denn er war sehr reich. Er hielt also um die Hand des jungen Mädchens an und Tossis Eltern nahmen die Werbung in Bescheidenheit an.

Am folgenden Tag übergab der Verlobte eine bedeutende Mitgift, die aus Tüchern, viel Schmuck und viel Gold bestand. Nach der Hochzeit zog Tossi zu ihrem Mann und die Ehe war gesegnet und sie bekam Kinder.

Nach einiger Zeit nahm aber der reiche Mann sich noch andere Frauen und von dieser Zeit an war kein Frieden mehr im Haus. Um sich zu rächen, nahm sich Tossi einen Liebhaber. Der war einer der Neffen ihres Mannes. Sie verließ also das eheliche Haus und ging zu ihren Eltern, um die Folgen ihrer Entscheidung zu vermeiden. Ihre Eltern waren besorgt und traurig, denn der Tradition nach musste jede Frau, die ihren Ehemann verließ, die Mitgift zurückerstatten. Tossis Ehemann begab sich also zum Dorfältesten und den Weisen des Dorfes und erzählte ihnen, was geschehen war. Der Rat des Dorfes rief Tossi und ihren Vater zu sich und teilte ihnen mit, dass sie sieben Tage Zeit hätten, um die Mitgift zurückzuzahlen.

Tossi war ruhig, denn sie war sich sicher, ihren Mann besiegen zu können. Am siebten Tag ging Tossi zusammen mit ihrem Vater zum vereinbarten Treffpunkt, jedoch ohne etwas mitzunehmen. Der Dorfälteste befragte sie, warum sie die Entscheidung des Rates nicht respektiere und Tossi antwortete: "Ich akzeptiere alles, was der Rat des Dorfes mir auferlegt hat. Ich bin bereit, die Mitgift zurückzugeben. Aber ich war jungfräulich, als ich die Ehe mit diesem Mann einging. Durch ihn habe ich meine Jungfräulichkeit verloren. Nun möchte ich, dass er mir meine Jungfräulichkeit zurückgibt. Sobald er das getan hat, gebe ich ihm seine Mitgift vollständig zurück.” Diese Antwort überzeugte den Rat des Dorfes und Tossi wurde Recht gegeben. So geschah es, dass Tossi über ihren reichen Ehemann siegte. Dieser musste unverrichteter Dinge nach Hause zurückgehen und tröstete sich nie.

Deshalb sagt man, dass Frauen genauso klug sind wie Männer und manche noch klüger.

46. Die teure Perlenkette (Maxi)

Mein Märchen fliegt hin und her und setzt sich auf eine Frau mit Namen Sewena.

Als Sewena erwachsen geworden war, heiratete sie einen Mann, der in einem benachbarten Dorf lebte. Nach der Hochzeit sollte sie zu ihrem Mann ziehen. Vorher aber gaben ihr ihre Eltern eine schöne Perlenkette und sagten: "Wenn du ein Kind bekommst, so sorge dafür, dass es diese Perlenkette am Hals trägt." Die Frau nahm die Kette dankbar entgegen und zog zu ihrem Mann.

Auch Jahre später bekam Sewena leider kein Kind. Alle Bemühungen des Ehepaares um Kinder waren vergeblich. Deswegen heiratete der Mann eine zweite Frau, die ihm nur eine Tochter schenkte. Weil aber die erste Frau kinderlos blieb, gab sie der Mitfrau die Perlenkette und die legte sie ihrer Tochter um den Hals. Lange danach pflanzte Sewena einen jungen Orangenbaum hinter ihrem Zimmer. Um den jungen Baum vor den Haustieren zu schützen, gab ihr die zweite Frau ein Sonlakuè[11]. Sewena nahm es, um den unteren Teil des Baumes damit zu schützen.

Viele Jahre waren vergangen und der Orangenbaum war groß geworden und trug Früchte. Um ihren Lebensunterhalt zu bestreiten, pflückte Sewena die Früchte und verkaufte sie. Der Baum war ihre einzige Einnahmequelle. Die Tochter der Mitfrau war ebenfalls gewachsen und war zu einem schönen Mädchen herangereift, und im Haus herrschte Frieden.

Eines Tages jedoch stritten sich die Frauen. Die zweite Frau geriet in Zorn und schließlich forderte sie: „Gib mir mein Sonlakuè zurück, das ich dir einst gegeben habe, um deinen Baum vor den Tieren zu schützen!" Da antwortete Sewena: „Wie kann das angehen? Der Baum ist schon groß und hat viele Äste. Es ist unmöglich, es dir zurückzugeben, es sei denn man zerbricht es. Aber das weißt

[11] Sonlakuè ist ein Topf, dessen unteres Drittel abgebrochen wird. Man verwendet ihn als Manschette, um junge Bäume vor den Haustieren zu schützen..

du ja selbst!” Die zweite Frau ließ jedoch nicht ab von ihrer Forderung und sagte: „Ich will nichts davon wissen, ich will nur mein Sonlakuè!”

Daraufhin schwieg Sewena, und als ihr Mann heimkehrte, erzählte sie ihm, was sich in seiner Abwesenheit zugetragen hatte. Der wollte den Streit der beiden Frauen gütlich beilegen und versprach der zweiten Frau, ihr ein neues Sonlakuè zu kaufen. Aber die wollte das nicht annehmen und bestand darauf: „Nur mein altes Sonlakuè, jenes, das ich ihr gegeben habe, will ich zurück haben.”

Es gelang dem Mann nicht, seine beiden Frauen zu befrieden und so ging er zum König, damit er ihm half, eine Lösung zu finden. Vor dem König wagte die zweite Frau zu sagen: „Sehr geehrter König, ich beuge mich Eurem Urteil!”, und fügte hinzu: „Das Sonlakuè gehört mir, und ich habe es ihr geliehen, um den jungen Baum zu schützen. Jetzt ist der Baum groß und ich will mein Sonlakuè zurück haben.” Der König versprach, ihr ein neues und wertvolles Sonlakuè zu kaufen, aber sie weigerte sich, ein anderes als das ihre anzunehmen. Also befahl der König seinen Dienern, den Orangenbaum zu fällen und ihm das Sonlakuè zu bringen.

Gesagt, getan! Der Baum wurde gefällt und das Sonlakuè zum König gebracht. Er gab es der zweiten Frau, und Sewena weinte bittere Tränen. Danach fragte der König die zweite Frau: „Bist du jetzt zufrieden?” – „Ja, sehr, geehrter König!”, antwortete sie. Als Sewena das hörte, versiegten ihre Tränen und sie sagte: „Sehr geehrter König, ich beuge mich Eurem Urteil, aber ich habe auch etwas zu verlangen.” Da schalt sie ihr Mann und schrie: „Halte deinen Mund! Dieses Problem ist gelöst und nun willst du ein anderes schaffen! Du hast nichts zu verlangen!” Mit diesen harten Worten wollte er Sewena einschüchtern.

Aber der König beruhigte ihn und sagte: „Lass sie sprechen, denn das ist ihr Recht.”, und zu der Frau gewandt: „Wir hören dir zu.” Da ergriff Sewena das Wort und erzählte: „Bevor ich zu meinem Mann zog, gaben mir meine Eltern eine Perlenkette und empfahlen mir, sie meinem Kind um den Hals zu legen. Leider bekam ich kein Kind. Und weil meine Mitfrau eine Tochter gebar, habe ich ihr die Perlenkette geschenkt und die Tochter trägt sie seitdem. Aber weil sie ihr Sonlakuè heute zurückgenommen hat und mein Orangenbaum gefällt wurde, möchte ich auch meine Perlenkette zurück haben."

Nachdem Sewena gesprochen hatte, herrschte große Stille. Der König, der Mann und die zweite Frau waren fassungslos. Nach kurzem Bedenken versuchte der König, Sewena von ihrer Rache abzubringen und sagte zu ihr: „Du hast Recht, Frau! Aber wenn es sich nur um eine Perlenkette handelt, verzichte doch darauf. Ich werde dir etwas Neues und Schönes kaufen." Sewena jedoch weigerte sich und antwortete: „Nur die wertlose Perlenkette, die ich ihr gegeben habe, möchte ich zurück haben." Alle baten sie um Erbarmen, denn alle wussten, dass man die Kette nicht zurückgeben konnte, ohne die Tochter zu enthaupten. Aber Sewena wollte ihre Entscheidung nicht rückgängig machen.

Der König befahl also seinen Dienern, die Tochter zu holen, und als sie vor den König gebracht worden war, befahl er, der Tochter den Kopf abzuschlagen. Gesagt, getan. Der Befehl wurde sofort ausgeführt, und der König gab Sewena die Perlenkette zurück und der zweiten Frau gab er den Kopf ihrer Tochter. Die nahm den Kopf, fing an zu weinen und sang dabei:

„Gebt Acht auf eure Eifersucht,
denn die Eifersucht, die euch überwältigt,
hat auch mich überwältigt,
und die Folgen fallen auf mich zurück.
Seht mein Schicksal!
Nun habe ich kein Kind mehr!
Seht mein Schicksal!"

Man soll den anderen nichts Übles tun. Wer anderen aber Übles tut, sollte sich daran erinnern, dass das böse Ende noch kommen kann.

47. Die Schildkröte und die Königstochter (Idaatcha)

Mein Märchen springt hin und her und setzt sich endlich auf einen König.

Es hatte ein König eine einzige Tochter, die über alle Maßen schön und gehorsam war und Abobo hieß. Alle Männer hätten sich wohl in sie verliebt, aber sie war stumm und sagte kein Wort. Der König hatte seine Tochter so lieb, dass ihm ihre Krankheit fast das Herz brach. Er hatte alle Heilmittel versucht, um seine Tochter zu heilen, hatte die Weisen aufgesucht und die übernatürlichen Kräfte der Bokonon und auch die Scharlatane in Anspruch genommen, aber alles war vergeblich.

Eines Tages berief der König eine große Versammlung ein und lud alle Lebewesen seines Reiches dazu. Auf diese Einladung hin kamen alle heiratslustigen Männer und Tiere, und unter ihnen auch die Schildkröte. Als sie alle versammelt waren, sprach der König zu ihnen: „Wer meine Tochter zum Lachen oder zum Sprechen bringt, dem verspreche ich sie zur Frau, und nach meinem Tode soll er auch mein Reich erben."

Kaum war die Versammlung beendet, fingen die Freier an zu überlegen, wie sie diese Probe bestehen könnten. Einige kitzelten die Königstochter am Arm, aber es gelang ihnen nicht, sie zum Lachen oder Sprechen zu bringen. Sie versuchten alles Mögliche, aber alles ohne Erfolg. Inzwischen dachte die Schildkröte nach. Sie entschied sich schließlich, auf dem Marktplatz Sand zu einem Haufen aufzutürmen. Auf diesen Sandhaufen stellte sie einen kleinen, mit Honig gefüllten Topf und befahl allen Marktfrauen, in den Topf zu greifen, einen Tropfen Honig zu nehmen und ihn abzulecken.

Die Schildkröte aber erklomm einen Baum und beobachtete alles. Wie befohlen, so getan! Die Marktfrauen waren dem Befehl der Schildkröte gefolgt und leckten den Honig. Kaum aber hatte auch die Königstochter das getan, stieg die Schildkröte vom Baum und schrie:

„Kingo Abobo hat gestohlen!
Kingo Abobo hat gestohlen!“

Die Leute umringten die Königtochter und spotteten: „Wie kann eine so schöne Frau sich so erniedrigen und Honig stehlen! Es ist unglaublich!“ Bei diesen Spottworten schämte sich Abobo und kehrte nach Hause zurück. Die Schildkröte aber lief hinter ihr her und schrie weiter: „Kingo Abobo hat gestohlen!“, bis sie über den Marktplatz gegangen war. Die Schande für Abobo war so groß, dass sie anfing zu singen:

„Ich, Abobo, habe nie gestohlen.
Ich, Abobo, habe nie gestohlen.
Es gibt genügend Stoffe in meiner Mutter Kleiderschrank.
Es gibt genug Geld in meines Vaters Haus.
Und das genügt mir.“

Die Schildkröte fing an zu lachen und sagte: „Ich bin der Glücklichste der Welt! Abobo gehört mir!“, und folgte der Königstochter bis zum königlichen Palast. Zu Hause begrüßte Abobo ihren Vater. Der war erstaunt und fragte die Schildkröte, was geschehen sei, und die Schildkröte berichtete ihm alles mit dem größten Vergnügen. Der König war froh und ließ ein großes Fest vorbereiten. Die Hochzeit wurde gefeiert, und die Schildkröte wurde, wie versprochen, König.

Deswegen wird bis heute gesagt: „Die Schildkröte ist das schlaueste Tier der Welt.“

48. Das mutterlose Mädchen (Idaatcha)

Mein Märchen springt hin und her und setzt sich endlich auf ein Mädchen, dessen Mutter gestorben war.

Nach dem Tod der Mutter nahm sich der Mann eine andere Frau, die hässlich und schwarz war und ein schwarzes Herz hatte. Sie brachte ihre Tochter mit ins Haus, aber auch die war garstig und faul und taugte nichts. Das arme Mädchen musste für die Stiefmutter alle Arbeit zu Hause tun. Es hatte keine Ruhe mehr. Früh, vor Tag, musste es aufstehen, den Hof kehren, Feuer anmachen, kochen und Kleider waschen, und es musste sich täglich an einen Brunnen setzen und das Geschirr spülen.

Eines Tages aber trug es sich zu, dass ein alter Mann erschien, sobald sie sich an den Brunnen gesetzt hatte, um das Geschirr zu spülen. Der Mann bat es, ihm Wasser zu geben. Das Mädchen nahm eine Schale und gab ihm Wasser. Aber der Mann lehnte es ab, aus der Schale zu trinken und verlangte eine andere Schale. Das Mädchen gab ihm eine andere Schale, aber auch die wollte er nicht nehmen. So bot sie ihm eine Schale nach der anderen an, aber der Mann lehnte immer ab. Da sagte das Mädchen: „Ich habe dir das Wasser in allen Schalen angeboten, die ich habe, aber du hast alle abgelehnt. Was willst du denn?“ – „Gib mir Wasser in deinem Schöpflöffel!“, antwortete der Mann. Kaum hatte ihm das Mädchen das Wasser gereicht, steckte er den Schöpflöffel in seine Tasche und verschwand. Das Mädchen fing an zu weinen und weinte immer lauter und wusste sich in seiner Not nicht zu helfen. Schließlich ging es nach Hause. Am Abend, als die Stiefmutter den Maisbrei zum Abendessen kochte, fragte sie nach dem Schöpflöffel. Das Mädchen erzählte ihr von ihrem Unglück. Da ärgerte sich die Frau, fing an zu schreien, hieß die Stieftochter näher kommen, nahm ihre Hand, führte sie in den Topf hinein, servierte den heißen Brei damit und säuberte anschließend mit den Fingernägeln des Mädchens den Topf.

Am Tag darauf war die Hand des Mädchens angeschwollen. Trotzdem ging das Mädchen zum Spülen an den Brunnen. Da begegnete ihm wieder der alte Mann. Es berichtete ihm, was ihm passiert war. Der Mann war barmherzig und nahm das Mädchen mit sich nach Hause, gab ihm seine Schöpfkelle zurück und außerdem Bohnen. Es sollte die Bohnen mahlen und Kuchen daraus herstellen. Den Kuchen sollte es essen und ihm die Reste geben. Das Mädchen tat aber das Gegenteil, hat selbst die Reste gegessen und gab dem Mann den Kuchen. Nun gab der Mann ihm Sorgho. Es sollte den Sorgho mahlen und ein Getränk daraus brauen. Das Getränk sollte es trinken, aber den Bodensatz, der sich bilden würde, solle es ihm geben. Aber das Mädchen machte – wie vorher – das Gegenteil, trank den Bodensatz und gab dem Mann das Getränk. Nun führte der Mann das Mädchen zu einem Baum, an dem viele Früchte hingen. Einige sagten: „Ernte mich! Ernte mich!“, und andere waren still. Der Mann forderte das Mädchen auf, drei Früchte zu pflücken, die still sind. Aber das Mädchen pflückte drei derjenigen Früchte, die schrien. Der Mann nahm die drei Früchte des Mädchens entgegen und gab ihr dafür drei stille und sagte ihr, sie solle auf dem Heimweg die Früchte nach einander dann öffnen, wenn sein Herz es ihm sage.

Das Mädchen machte sich auf den Weg. Auf halbem Wege, als es die eine Frucht anschaute und ihr Herz sprach, öffnete sie die Frucht. Viele Tiere kamen aus ihr hervor, die ihr alle folgten. Nach einer Weile öffnete es die zweite Frucht, und viele tanzende, trommelnde und singende Leute kamen hervor und liefen hinter ihr her. Als es zu Hause angekommen war, öffnete es die dritte Frucht. Sofort stand vor ihr ein prächtiges Gebäude, wie ein Palast, in dem sich Menschen und Tiere befanden. Nun war das Mädchen sehr reich und die Stiefmutter und die Stiefschwester nahmen es gut auf. Das Mädchen erzählte ihnen alles, was ihm begegnet war. Als die Stiefmutter hörte, wie das Mädchen zu seinem Glück gekommen war, wollte sie ihrer Tochter, die zu nichts taugte, dasselbe Glück verschaffen.

Die Tochter musste sich nun jeden Tag an den Brunnen setzen und das Geschirr spülen. Auch ihr begegnete der alte Mann. Er bat zwar nicht um Wasser, aber die garstige Tochter drängte ihm den Kochlöffel auf. Der Mann nahm ihn und verschwand. Die Tochter ging nach Hause und erzählte ihrer Mutter, was geschehen war. Die Mutter sagte: „Ach, ja! Wie kann dieses arme Mädchen reich werden und wir nicht? Es ist schon gut, dass der Mann den Schöpflöffel genommen hat. Wir werden sicher auch reich werden!“

Am Abend, nachdem die Stiefmutter den Brei gekocht hatte, holte sie ihn nicht mit der Hand der Tochter heraus, sondern nahm eine andere Schöpfkelle in die Hand und entnahm ihn damit. Also schwoll die Hand der Tochter nicht an.

Am folgenden Tag ging die Tochter zum Brunnen, weinte und wartete auf den Mann, aber der kam erst, als es schon dunkel war und fragte: „Was machst du hier?“ – „Ich warte auf Sie!“, antwortete die Tochter und fügte hinzu: „Hören Sie nur, was mir gestern geschehen ist, nachdem ich Ihnen die Schöpfkelle gegeben habe! Meine Mutter hat den Brei mit meiner Hand aus dem Topf genommen. Schauen Sie nur, wie geschwollen meine Hand ist!“ Der Alte, der alles wusste, verlor kein Wort und hieß sie mit nach Hause gehen. Da gab er ihr den Schöpflöffel zurück und auch die Bohnen dazu. Die Bohnen sollte sie – wie die andere - mahlen und Kuchen daraus machen. Im Gegensatz zum anderen Mädchen aß sie aber den Kuchen anstatt der Reste. Der Alte gab ihr auch Sorgho zu mahlen, um das Getränk daraus herzustellen. Sie trank das Getränk und gab dem Alten den Bodensatz. Sie wurde auch zum Baum geführt, auf dem viele Früchte wuchsen. Die schreienden Früchte sollte sie pflücken, aber sie pflückte die stillen und brachte sie dem Mann. Der nahm die Früchte und gab ihr dafür die schreienden und sagte ihr, sie solle die Früchte unterwegs öffnen, aber nur, wenn ihr Herz es ihr sage.

Die Stiefschwester machte sich auf den Heimweg. Nach der halben Wegstrecke öffnete sie die erste Frucht. Plötzlich kamen viele Insekten, Skorpione, Giftspinnen und Bienen heraus. Voller

Schrecken lief sie davon, aber die Insekten blieben immer hinter ihr. Nach einer Weile öffnete sie die zweite Frucht. Der entsprangen viele wilde Tiere: Löwen, Büffel, Krokodile und Schlangen. Ihr Schreck war so groß, dass sie noch schneller lief, um sich von diesen Ungeheuern zu befreien. In der Nähe ihres Hauses öffnete sie die letzte Frucht. Und innerhalb kurzer Zeit war sie von den wilden Tieren und den Insekten gefressen. Sie haben ihr den Kopf abgeschlagen, ihn in eine Kalebasse gesteckt und ihrer Mutter als Geschenk gebracht. Als die Mutter die Kalebasse sah, war sie sehr froh, denn sie dachte, es sei der Reichtum darin. Und so wartete sie auf ihre Tochter, damit sie ihn gemeinsam genießen konnten. Sie wartete und wartete und wartete, aber die Tochter kam nicht.

Voller Neugierde öffnete sie schließlich die Kalebasse. Als sie den abgehauenen Kopf ihrer Tochter erblickte, brach sie in Tränen aus, krümmte sich vor Schmerz und verlor den Verstand.

So führt Bosheit zum Scheitern und deshalb darf man Waisenkinder niemals ausbeuten.

49. Der Jäger und seine drei Freunde (Yoruba)

Mein Märchen fliegt hin und her und fällt schließlich auf einen Jäger.

Vor Urzeiten lebte in einem weit entfernten Dorf ein Jäger. Dieser Jäger hatte drei allerbeste Freunde, nämlich seinen Schwiegervater, den Priester Ifa und Sikiru. Eines Tages bekam der Jäger eine Einladung von den drei Freunden, die ihn dazu einluden, mit ihnen am selben Tag ihre Felder zu pflügen. „Wessen Einladung soll ich zuerst folgen?", fragte sich der Jäger. Er sagte allen zu und versprach auch, für das Essen der drei Freunde zu sorgen. Am festgesetzten Tag ging er zuerst zum Feld seines Schwiegervaters. Unterwegs tötete er einen Panther, versteckte ihn unter Blättern in einem Gebüsch und ging dann zu seinem Schwiegervater und erzählte ihm, er habe aus Versehen statt eines wilden Tieres einen Menschen getötet. Der Schwiegervater machte ihm Vorhaltungen und beschimpfte ihn und sagte, er sei ein Mörder und wenn man sie beide zusammen sähe, würden beide eingesperrt und getötet werden und fügte hinzu: „Wer einen Menschen tötet, muss auch getötet werden. Geh schnell von meinem Feld weg." Da ging der Jäger weg.

Er ging zum Priester Ifa und erklärte auch ihm, er habe aus Versehen statt eines wilden Tieres einen Menschen getötet. Das sei geschehen, als er zu ihm auf dem Feld kam, um das Essen für ihn zu bringen und ihm bei der Feldarbeit zu helfen. Auch der Priester verdammte ihn und sagte, er wolle nicht mit ihm zusammen gesehen werden. Also ging der Jäger auch dort weg.

Zuletzt ging er zu seinem Freund Sikiru und berichtete auch ihm, dass er anstelle eines wilden Tieres aus Versehen einen Menschen getötet habe. Sikiru sagte kein Wort, sondern nahm Axt und Hacke mit und begleitete ihn bis zu einer Stelle im Wald nahe dem Feld. Dort grub er eine Grube und schnitt schließlich einen Ast ab, um die Leiche zu messen. Der Jäger zeigte ihm von einer bestimmten Entfernung die Stelle, wo die Leiche liegen sollte. Als Sikiru dort hin ging, entdeckte er, dass dort nicht ein Mensch, sondern ein getöteter Panther unter den Blättern in dem Gebüsch lag.

Da rief er aus: „Lieber Jäger, hier ist kein Mensch, sondern ein Panther!" Da entgegnete der Jäger: „Ja, mein guter Freund, das wusste ich bereits. Mein Schwiegervater und mein Priester haben mich beschimpft und mich geschmäht, als ich ihnen sagte, ich hätte einen Menschen statt eines wilden Tieres getötet. Du allein bist mein guter Freund. Du bist mir hier her gefolgt, um mir zu helfen. Nun nimm das Wild und verwende es nach deinen Wünschen!" Sikiru nahm das Tier und veranstaltete ein großes Fest und lud die ganze Dorfgemeinschaft dazu ein. Alle haben sich satt gegessen und dabei über Freundschaft und zwar echte Freundschaft debattiert und kamen zu folgendem Schluss:

Nur im Unglück erkennt man die besten Freunde.

50. Der Jäger und der Geist des Busches (Gun)

Mein Märchen springt hin und her und setzt sich zuletzt auf einen Jäger mit Namen Sogbeyanto.

Dieser Jäger war berühmt für seine große Jagdkunst. Immer konnte er seiner schönen Frau Tchédjennagni fette Beute bringen. Aber als er eines Tages in den Busch ging, um ein Wild zu erlegen, verschwand das sofort. Er konnte nichts, aber auch gar nichts mit nach Hause bringen. Am anderen Tag geschah dasselbe.

Auf dem Rückweg zu seiner Behausung sah er eine Hyäne. Er wollte sie gerade mit einem gezielten Schuss töten, als die Hyäne ihm zurief: „Halte ein! Schieße nicht! Ich bin der Geist dieses Busches und dieser Tierwelt hier, und ich will dir helfen, viel Wild zu erlegen." Sie befahl dem Jäger, unter einem Baum in der Nähe auf sie zu warten und nahm seine Jagdtasche. Der Geist verschwand und kam sogleich mit einer prall gefüllten Jagdtasche zurück. Anstelle eines Dankes hielt der Jäger um die Hand des Geistes an, denn die Hyäne hatte eine weibliche Stimme. Die Hyäne verwandelte sich vor den Augen des Jägers in eine schöne Frau und nahm die Werbung des Jägers an. Allerdings stellte sie ihm eine Bedingung: "Du musst wissen, dass ich es nicht schätze, wenn du und deine Mitmenschen mich beschimpfen. Wir müssen das Geheimnis meiner Herkunft zwischen uns streng bewahren. Versprich das, und ich werde deine Frau." Der Jäger versprach es und brachte seine neue Frau zu sich ins Haus. Bevor die schöne junge Frau aber ins Haus eintrat, gab sie dem Jäger ihr Fell und bat ihn, es gut zu verstecken.

Die erste Frau des Jägers war über die wunderbare Schönheit der neuen Frau sehr erstaunt und fragte ihren Mann nach deren Herkunft. Der Jäger war ein sehr einfältiger Mann und erzählte seiner ersten Frau alles über die neue Frau und zeigte ihr auch, wo er das Fell verborgen hatte.

Mit der Zeit wurde die erste Frau eifersüchtig auf die Schönheit der neuen Frau, und eines Tages, als der Jäger in den Busch gegangen war, forderte sie ihre Rivalin heraus. Sie begann, sie zu beschimpfen und sagte ihr schließlich, dass sie wisse, dass sie ja nur ein Tier sei. Tief verletzt begann die Schöne nach ihrem Fell zu suchen. Die erste Frau dachte, sie könne die zweite Frau noch tiefer verletzen und sagte ihr, wo das Fell versteckt war.

Die Schöne sah ihr Fell, zog es sich schnell über, verwandelte sich in eine wilde, wütende Hyäne und zerstückelte die erste Frau. Auf ihrem Weg in den Busch begegnete die Hyäne dem Jäger. Der war sehr überrascht, sie in ihrer ursprünglichen Gestalt zu sehen. Die Hyäne verfluchte ihn: "Von nun an wirst du nie wieder mit einer vollen Jagdtasche zurückkehren. Tötest du ein Wild, wird es vor deinen Augen verschwinden. Das ist die Strafe für deinen Verrat."

Beschämt schlich der Jäger nach Hause und fand dort seine zerstückelte Frau. Da bereute der Jäger seinen Verrat zutiefst und tröstete sich nie mehr.

Deshalb sagt man, dass es manchmal besser ist, seinen Mund zu halten.

51. Die eifersüchtige Frau (Fon)

Mein Märchen springt hin und her und setzt sich endlich auf einen Mann und seine Frau.

Ein Mann und eine Frau hatten Kinder und lebten in einem abgelegenen Dorf im Wohlstand. Aber als die Frau älter wurde, entschloss sich der Mann, eine weitere Frau zu nehmen. Er verheiratete sich also mit einer hübschen, jungen Frau. Da wurde die ältere Frau namens Hwanfonlinon[12] sehr eifersüchtig. Die Neue kochte sehr gut und brachte die Mahlzeiten immer rechtzeitig auf den Tisch, und ihren ehelichen Pflichten kam sie auch gut nach.

Eine niedrige Wand trennte die Zimmer der beiden Frauen. Da die Liebe durch den Magen geht, begann der Mann, die neue Frau vorzuziehen. Die Eifersucht der älteren Frau wurde immer stärker, denn es gelang ihr auch nicht mehr, ihren Mann mit ihren Kochkünsten zu betören. Sie war so eifersüchtig, dass sie nachts heimlich den Soßentopf der jungen Frau leerte und das Fleisch aufaß. Die jüngere Frau merkte das und erzählte es ihrem Mann. Aber der schwieg und alles blieb wie es war.

Weil die ältere Frau nicht mehr zufrieden damit war, den Soßentopf zu leeren, begann sie, in den Topf zu scheißen. Die jüngere Frau konnte sich nicht vorstellen, wer jede Nacht in ihr Haus kam, den Soßentopf ausleerte und Kot hinein tat. Eines Tages jedoch entschied sie sich, ihren Eltern davon zu berichten.

Die Eltern beschlossen, dem Geschehen heimlich nachzuspüren. Eines Nachts kochte die jüngere Frau eine sehr leckere Soße mit viel Fleisch und strich Leim auf den Rand des Topfes. Am Abend, als alle gegessen hatten und eingeschlafen waren, stand die eifersüchtige Frau wieder auf. Sie ging in die Küche, leerte den Soßentopf und setzte sich darauf, um ihren Kot abzusetzen. Da klebte der Topf an ihrem Gesäß fest. Sie schlug den Topf gegen einen Stößel, aber der Topf zerbrach nicht. Dann ging sie ins Bett, be-

---

[12] Hwanfonlinon: bedeutet „die faule Frau“

deckte sich mit vielen Lendenschurzen und stellte sich krank.

Der König der Gegend, in der sie lebten, wurde von der Familie der jungen Frau über die plötzliche Krankheit der Frau informiert und ließ durch einen Boten verkünden, dass jedermann, auch die Kranken, vor seinem Palast erscheinen müssten. Am Tag darauf kamen alle vor den Königspalast, außer der eifersüchtigen Frau. Ihre Abwesenheit wurde von allen, aber besonders von ihrem Mann bemerkt.

Der Kochtopf hatte aber zwei Namen „Zenvibotobotwé[13]" und „Nawe". Auf Anordnung des Königs rief die jüngere Frau ihren Kochtopf: „Du, mein Zenvibotobotwé, antworte mir!", und vom Gesäß der eifersüchtigen Frau antwortete der Kochtopf von ihrem Zimmer aus: „Ooo . . . he!", und sang dann:

„Nawe wurde gegen den Stößel geschlagen,
aber Nawe ist nicht zerbrochen.
Oh, ich Nawe, ich klebe
am Gesäß von Hwanfonlinon!"

Das Haus der eifersüchtigen Frau stand nicht weit vom Palast entfernt. Sofort wurden drei kräftige Männer in das Haus geschickt. Dort fanden sie die Frau, mit vielen Lendenschurzen bedeckt. Auf der Stelle entfernten die Männer die Lendenschurzen und brachten die Frau zum König. Der König entschied, dass diese eifersüchtige Frau hingerichtet werden solle und das wurde ausgeführt.

Deshalb: Eifersucht sollte nicht übertrieben werden, sonst führt sie zu finsterer Bosheit und verdirbt den Menschen.

---

[13] Zenvibotobotwé ist ein schöner runder Kochtopf.

52. Die Undankbarkeit (Bariba)

Hören Sie mein Märchen!
Wir sind dabei ganz Ohr!

Wissen Sie, warum Wohltaten im Verschwinden begriffen sind? Ich werde es Ihnen erzählen!

Einstmals lebte ein Mann mit seiner Familie auf einem Bauernhof. Der Mann besaß einen Hühnerstall. Aber immer kam eine Schlange, um die Küken zu fressen. Eines Tages beschloss die ganze Familie, die Küken zu bewachen. Als die Schlange kam und ein Küken ergriff, schrien alle: „Sie ist da! Sie ist da!" Da flüchtete die Schlange und die Familie verfolgte sie.

Auf ihrer Flucht traf die Schlange einen Jäger und sagte zu ihm: „Jäger, verstecke mich! Dort kommen Leute, die mich töten wollen!" Darauf antwortete der Jäger: „Ich habe keine Tasche, in der ich dich verstecken könnte." – „Mache deinen Mund auf, ich werde hineinkriechen!", forderte die Schlange. Der Jäger machte tatsächlich seinen Mund weit auf und die Schlange kroch hinein.

Bei der Verfolgung traf die Familie ebenfalls den Jäger. Sie fragten ihn, ob er die Schlange gesehen habe. Und weil sich die Schlange in seinem Mund befand und er deshalb nicht sehr deutlich sprechen konnte, sagte er nur: „N… n… n…!", aber das verstand keiner. Als der Jäger zu Hause angekommen war, machte er der Schlange deutlich, sie solle doch wieder aus dem Mund heraus kriechen. „Nein, ich gehe nicht mehr aus deinem Mund heraus. Hier ist es gemütlich und warm. Ich bleibe, wo ich bin", antwortete die Schlange.

Der Jäger konnte weder essen noch trinken und drei Tage später war er so schwach, dass er vor Hunger fast gestorben wäre. Da fiel ihm ein Vogel mit einem sehr langen Schnabel ein, und er bat ihn, die Schlange aus seinem Mund zu ziehen. Das gelang dem Vogel auch. Kaum hatte der Vogel den Jäger gerettet, ergriff der Jäger ihn und rief: „Ich habe einen Vogel gefangen!" – „Ich habe dich gerettet, und nun willst du mich töten?", klagte der Vogel. „Was hast du schon Großartiges getan! Du bist heute meine Jagdbeute!", sagte der Jäger. Er nahm den Vogel mit nach Hause und fesselte ihn, so dass er nicht entfliehen konnte.

Drei Tage später wollte er auf sein Feld und dachte sich: „Wenn ich heute Abend zurückkehre, werde ich den Vogel töten!" Voller Enttäuschung, dass der Jäger ihn so verraten hatte, wandte sich der Vogel an die Frau des Jägers und erzählte ihr die ganze Geschichte von Beginn an. Die Frau sagte: „Sei unbesorgt; ich werde dich losbinden. Aber fliege noch nicht davon. Wenn mein Mann nach Hause zurückkehrt, werde ich so tun als wolle ich dich ergreifen. Erst dann sollst du fliehen."

Bei Einbruch der Nacht kam der Jäger nach Hause und seine Kinder und seine Frau hießen ihn willkommen. Als der Vogel merkte, dass der Jäger nach Hause gekommen war, tat er, was die Frau ihm gesagt hatte. Aber bevor er floh, pickte er der Frau noch ein Auge aus.

Nun sagen Sie mir: Wer war der Bösere von beiden: der Jäger oder der Vogel?

Deshalb sagte ich zu Beginn, dass die Wohltat am Verschwinden sei.

53. Der Bauer und seine Frau (Saxwe)

Mein Märchen springt hin und her und setzt sich endlich auf einen Mann und seine Frau.

Der Mann war Bauer und hatte viele gute Ernten. Das Ehepaar lebte gut und hatte immer genug zu essen. Aber sie wussten nicht, mit wem sie ihre Nahrung teilen sollten. Das machte ihnen Sorgen, denn sie hatten kein Kind, wollten sich aber auch nicht trennen, denn sie liebten sich sehr.

Eines Tages hatte der Mann aufgesammeltes Holz und dürres Gras verbrannt. Nun sagte er seiner Frau, sie solle aufs Feld gehen, um das Brennholz zu Haufen zusammenzutragen. Gesagt, getan!

Als sie das Brennholz aufhäufte, verletzte sich die Frau plötzlich durch ein Holz am Nabel. Die Verletzung wurde zur Wunde, und einige Tage später heilte die Wunde durch die Behandlung des Ehemannes. Kaum war die Wunde verheilt, stellte die Frau fest, dass sie schwanger war, und die Leute fragten danach. Sie war tatsächlich schwanger! Neun Monate später brachte sie einen Jungen zur Welt. Als die Eltern ihm einen Namen geben wollten, sagte das Kind selbst, es heiße Unyanufio[14]. Da staunten die Eltern sehr.

Im selben Dorf war aber ein König, der ebenfalls Unyanufio hieß. Keiner hatte den Namen in diesem Dorf außer dem König. Eines Tages erfuhr der König, dass es einen Mann gab, der ebenfalls Unyanufio hieß. Da ließ er die Eltern und das Kind kommen. Die Eltern hatten Angst, aber sie waren nicht überrascht und begaben sich sofort zum Königspalast. „Kann jemand in diesem Dorf klüger sein als der König?“, fragte der König, ohne eine Antwort abzuwarten und fügte hinzu: „Geht nach Hause und kommt in sieben Tagen wieder hier her.“

Nach sieben Tagen gingen sie wieder zum König, so wie er es verlangt hatte. Ich habe erfahren, dass Sie ein Kind haben, dessen Namen Unyanufio ist“, sagte der König, als sie angekommen wa-

[14] Unyanufio ist ein fiktiver Name, der wörtlich „Ich bin klüger“ bedeutet.

ren und fragte drei Mal: „Bist du Unyanufio?" – „Ja!", sagte das Kind. „Kannst du klüger sein als ich, der König?" – „Ja!", antwortete das Kind. Nun gebot er den Eltern, wieder nach Hause zu gehen, nachzudenken und sechzehn Tage später wiederzukommen. Zu Hause angekommen, begann das Kind, Gänge unter der Erde zu graben. Einer ging vom Haus bis zum Königspalast, zu dem Raum, in dem die Menschen das Urteil fällen sollten, ein anderer bis dorthin, wo er selbst bleiben würde, bis das Urteil gefällt wurde, und einer von dort bis zu seinem Haus.

Die Zeit verging und endlich kam der Tag, an dem das Urteil gefällt werden sollte. Das Kind begab sich zum Königspalast. Da hatten sich bereits fast alle Dorfbewohner versammelt und waren auf das Urteil gespannt. Also stellte ihm der König dieselbe Frage und der Junge bejahte immer. Da wurde der König wütend und befahl seinem Migan, das Kind zu enthaupten. Als der Migan[15] den Befehl ausführen wollte, verschwanden auf einmal der König und das Kind spurlos. Alle ergriffen die Flucht, nur einige blieben. Das Kind aber packte den König bei der Hand und schleppte ihn so zu seinem Haus. Dann nahm er den anderen Gang, der zum Palast führte, und erschien wieder. Als er dort erschien, waren noch einige Leute am Ort des Geschehens, staunten sehr und sagten, das Kind sei wirklich das Klügste und ernannten es zum König ihres Landes.

Der böse König aber wurde verhaftet und ins Gefängnis eingesperrt.

Deshalb müssen die Regierenden die Meinung ihrer Bürger respektieren, wie niedrig diese auch sein mögen.

[15] Migan bedeutet in der Sawe- und Fon-Sprache „Henker eines Königs"

Mensah Wekenon Tokponto
Biographische Anmerkungen

Im Jahre 1967 wurde ich als Sohn einer bäuerlichen Familie in dem kleinen Dorf Kinta-Danli in Benin/Westafrika geboren und bin dort aufgewachsen. Zum Glück besuchte ich mit der Unterstützung meiner Eltern die Grund- und Sekundarschule in dem von Kinta 10 km entfernten Dorf Agbangnizoun, wo ich meine Mittlere Reife 1984 erfolgreich abgelegt habe. Diese Schulzeit hat mich am meisten geprägt, da ich damals die 10 km täglich d.h. morgens und abends zu Fuß zurücklegen und an allen Wochenenden meinen Eltern bei Feldarbeiten helfen musste. In dieser Zeit wurde ich auch von Märchenabenden sehr geprägt, die abends auf dem öffentlichen Dorfplatz ausgerichtet worden waren.

Nach der Mittleren Reife musste ich nach Abomey, etwa 25 km von meinem Dorf entfernt, ziehen, um dort die Sekundarstufe 2 zu besuchen. Auch in diesem Fall musste ich Schule und Feldarbeiten kombinieren; das bedeutete, dass ich mich an jedem Freitagabend nach der Schule in mein Dorf Kinta begeben musste, um meinen Eltern auf dem Feld beizustehen. Dieses Pendeln zwischen Abomey und Kinta dauerte drei Jahre. Nachdem ich mein Abitur 1987 bestanden hatte, musste ich zum ersten Mal in meinem Leben meine Eltern und mein Dorf verlassen, um mit einem Studium an der Universität Abomey- Calavi, 130 km von meinem Dorf entfernt, zu beginnen. Da ich schon in der Sekundastufe 2, d.h. in der elften, zwölften und dreizehnten Klasse drei Jahre Deutsch gelernt hatte und von dieser Sprache sehr fasziniert war, beschloss ich, ein Germanistikstudium an der Universität Abomey- Calavi zu beginnen, das von 1988 bis 1992 dauerte. Die Unterstützung dieses Studiums habe ich meinem verstorbenen Vater, meiner ehemaligen Deutschlehrerin Brigitte Seeberg in Benin, den deutschen Familien Joachim und Renate Eisen aus Bottrop, Gudrun und Werner Niewerth sowie Ulrike und Volker Kitzmann zu verdanken.

Während dieses Studiums und zwar im sechsten Semester erhielt ich ein dreimonatiges DAAD- Stipendium zur Teilnahme an einem Intensivsommersprachkurs an der Universität des Saarlandes von Juli bis September 1991. Nach dem achten Semester erhielt ich erneut ein viermonatiges DAAD-Stipendium, nämlich vom Oktober1993 bis Dezember 1994 für meine Magisterarbeit zum Thema: „Beninische Realitäten in der Sicht deutschsprachiger Reiseberichte von 1943-1990“ und habe diese Arbeit an der Universität Saarbrücken fertig gestellt. Danach bin ich in mein Heimatland Benin zurückgekehrt und legte die mündliche Prüfung zu dieser Magisterarbeit im Juni 1995 an der Universität Abomey-Calavi in Benin ab. 1996 und 1997 konnte ich als wissenschaftlicher Mitarbeiter Deutschunterricht an der Deutschabteilung der philosophischen Fakultät der Universität Abomey- Calavi geben.

In dieser Zeit habe ich wieder den Kontakt zu meinem Dorf Kinta intensiver aufgenommen, wobei ich feststellen konnte, dass die Erzähltradition meiner Kindheit nicht mehr vorhanden war, da sich niemand mehr für die Märchen interessierte. Das hat mich dermaßen betroffen, dass ich mir seitdem die Aufgabe gestellt habe, die mündlich tradierten Märchen aus meiner Sprachgruppe Fon mit dem Tonbandgerät zu sammeln, um sie schriftlich festzuhalten, damit sie der Nachwelt erhalten bleiben. Ich bewarb mich 1997 um ein Promotionsstipendium zum Thema „Deutsch-beninische Märchen am Beispiel von Märchen in der Fon-Sprache mit phonetischer Transkription, Studie und Darstellung der Hauptfiguren und Themenvergleich“ beim DAAD. Diese deutsche Institution für den Austausch zwischen Hochschulen ermöglichte mir dieses Studium, das ich 2002 an der Universität Bielefeld erfolgreich abgeschlossen habe. Ende 2003 bin ich in mein Land Benin zurückgekehrt und habe einen Lehrauftrag für „Interkulturelle Germanistik“ inne. Ich sammle bis heute die mündlich tradierten Märchen nicht nur aus meiner Volksgruppe Fon, sondern auch Erzählungen aus anderen Ethnien Benins. In jedem Jahr habe ich verschiedene Arbeitsgruppen bestehend aus meinen Studenten eingesetzt, die auch Märchen aus ihren Sprachgruppen unter meiner Leitung sammeln. Ich baue mittlerweile eine Märchenbibliothek auf, in der alle gesammelten, in die Landessprache transkribierten und niedergeschriebenen Märchen archiviert werden. Sie stellt ein Dokumentationszentrum dar, damit die Märchen Benins vor dem Aussterben bewahrt werden.

Im Jahre 2014 wurde ich zum Professor für „interkulturelle Germanistik" an der Universität Abomey-Calavi in Benin ernannt.

Mensah Wekenon Tokponto
Veröffentlichungen

Bücher

Mensah Wekenon Tokponto „Les contes qui volent et virevoltent: Contes Populaires du Benin", Presses Scolaire et Universitaire du Benin, Dépôt légal N° 7314 du 12 septembre 2012, 2. Edition Janvier 2014, Cotonou, Bibliothèque Nationale, ISBN: 978-99919-1-040-6, 171 pages.

Mensah Wekenon Tokponto, „Mein Märchen springt hin und her: Erzählungen aus Benin", Universitas Verlag, 2.Auflage, Tübingen, 2008, ISBN: 978-3-924898-33-5.

Mensah Wekenon Tokponto et Adelheid Hahmann, „Fliegende Märchen: Volksmärchen aus Benin", Projekte Verlag, Halle an der Saale, 2005, ISBN: 3-938227-30-3.

Mensah Wekenon Tokponto, Deutsch-beninische Märchenforschung am Beispiel von Märchen in der Fon-Sprache mit phonetischer Transkription, Studie und Darstellung der Hauptfiguren und Themenvergleich", Thèse de Doctorat Unique, Peter Lang Verlag, Frankfurt am Main, 2003, ISBN: 3-631-50977-4.

Artikel

Mensah Wekenon Tokponto, „Komparatistische Untersuchung zu Magie, Sprachmagie in einigen beninischen und deutschen Märchen". In: Annales de la Faculté des Lettres, Arts et Sciences Humaines, Uiversité Abomey-Calavi, Vol.1, N° 19, 2013.

Mensah Wekenon Tokponto, „Gedächtnis- und Erinnerungspraktiken: Ein Vergleich zwischen oralem Märchenerzählen in Westafrika und den schriftlich fixierten Märchen der Brüder Grimm“. In: MONT CAMEROUN, Afrikanische Zeitschrift für Interkulturelle Studien im deutschsprachigen Raum, Band 8/9, Dschang University Press, Cameroun, 2013, ISSN: 1812-7142, S. 87-99.

Mensah Wekenon Tokponto, „Naturverständnis und Achtsamkeit. in afrikanischen Märchen“. In: Lesen für die Umwelt: Natur, Umwelt und Umweltschutz in der Kinder- und Jugendliteratur, Band 41, Schriftreihe der Deutschen Akademie für Kinder- und Jugendliteratur, Schneider Verlag Hohengehren GmbH, Baltmannsweiler, 2013, ISBN 978-3-8340-1202-9, S. 47-65.

Mensah Wekenon Tokponto, „Strukturen und Typologien deutscher und westafrikanischer Märchen: eine Untersuchung zu Ähnlichkeiten und Differenzen zwischen Erzählungen zweier unterschiedlicher Kulturen“. In: DUSA, Deutschunterricht im Südlichen Afrika, Band 7, Jahrgang 2012, Nr.1, Germanistenverband im südlichen Afrika, ISSN 1991-6272, S. 23-37.

Mensah Wekenon Tokponto, „Vergleichende Analyse zu Rechtsvorstellungen in einigen westafrikanischen und deutschen Märchen der Brüder Grimm“. In: ACTA GERMANICA, Jahrbuch des Germanistenverbandes im südlichen Afrika, Band 40, SUN MEDIA, Bloemfontein, 2012, ISSN 0065-1273, S. 42-59.

Mensah Wekenon Tokponto, „Tabus und tabuisierte Handlungen in deutschen und afrikanischen Märchen“. In: ACTA GERMANICA, Jahrbuch des Germanistenverbandes im südlichen Afrika, Band 39, Peter Lang Verlag, Internationaler Verlag der Wissenschaften, Frankfurt am Main, 2011, ISBN 978-3-631-62246-9, S. 9-23.

Mensah Wekenon Tokponto, „Deutsche und beninische Märchen im interkulturellen Dialog: Eine Untersuchung zur Erforschung mündlich tradierter Märchen in Benin“. In: Begegnung mit dem Wunder in Märchen, Sagen und Legenden/ Märchen als Brücke für Menschen und Kulturen, Forschungsbeiträge aus der Welt der Märchen, Hrsg. von Harlinda Lox, Wilhelm Solms und Heinz-Albert Heindrichs, Königsfurt-Urania Verlag, Krummwisch bei Kiel, 2011, ISBN 978-36-89875-993-9 (EMG-Sonderausgabe) ISBN 978-36-89875-992-2 (Buchhandelsausgabe), S. 166-195.

Mensah Wekenon Tokponto, „Komparatistische Untersuchung zur Symbolik des Menschenopfers am Beispiel einiger Märchen der Fon und der Brüder Grimm“. In: ACTA GERMANICA, Jahrbuch des Germanistenverbandes im Südlichen Afrika, Band 37, Peter Lang Verlag, Internationaler Verlag der Wissenschaften, Frankfurt a. M., 2009, ISBN: 978-3-631-59909-9, S. 89-106.

Mensah Wekenon Tokponto, „Dialog und die traditionellen Dialogformen der Familie im Kulturraum der Fon in Benin“. In: Kulturen des Dialogs, Nomos Verlagsgesellschaft, Baden-Baden, 2011, ISBN 978-3-8329-6219-7, S. 139-150.

Mensah Wekenon Tokponto, „Die Hochzeit des Hasen und der Tochter des Löwen mit Kommentar“. In: Märchen, die Brücken bauen, herausgegeben im Auftrag der Europäischen Märchengesellschaft von Ursula &Heinz-Albert Heindrichs und Harlinda Lox, Königsfurt-Urania Verlag GmbH, Krummwisch bei Kiel, 2010, ISBN: 978-36-86826-021-2 (Buchhandelsausgabe), ISBN: 978-3-86826-022-9 (EMG-Sonderausgabe), S. 14-17.

Mensah Wekenon Tokponto, „Afrikanische Märchen in deutscher Übersetzung: Ein Vergleich von Märchen der Fon und der Gebrüder Grimm im Deutschunterricht". In: MONT CAMEROUN, Afrikanische Zeitschrift für Interkulturelle Studien zum deutschsprachigen Raum, N°6, Dschang University Press, Cameroun, Décembre 2009, ISSN: 1812-7142, S. 153-164.

Mensah Wekenon Tokponto, „Zur Problematik der Migration in deutschen und afrikanischen Märchen". In: WELTENGARTEN, Deutschafrikanisches Jahrbuch für Interkulturelles Denken, Wehrhahn Verlag, Hannover, 2009-2010, ISBN: 978-3- 86525-158-9, S. 123-134.

Mensah Wekenon Tokponto, „Afrika ein in Europa unentdeckter Kontinent der Literatur". In: Annales de l'Université de Lomé, Tome XXVIII-2, Série Lettres et Sciences Humaines, ISSN: 1016-9202, Les PRESSES de L'UL, Lomé, 2008, S.115-121.

Mensah Wekenon Tokponto, „Gerechtigkeit in deutsch- beninischen Märchen am Beispiel der Fon- und Grimms Märchen". In: Annales de l'Université de Lomé, Tome XXVII-2, Série Lettres et Sciences Humaines, ISSN: 1016-9202, Les PRESSES de L'UL, Lomé, 2007, S. 223-228.

Mensah Wekenon Tokponto, „ Die mythische Entstehung des Königreiches Danxome, des Landes der Fon und ihr Einfluss auf das politische Leben der heutigen Republik Benin (Westafrika)". In: „Narrative Konstruktion nationaler Identität", Röhrig Universitätsverlag, 2000, St. Ingbert, Hrsg. Eva Reichmann, ISBN:3-86110-255-2, S. 233-237.